カール・バルト 未来学としての神学

Karl Barth
Theology as Futurology

Yo Fukushima
福嶋 揚

カール・バルト、1929年

日本キリスト教団出版局

「こう言ってもさしつかえない。神学はあらゆる学問の中で最も美しい学問である……ただ好き好んで、ただ喜んで、ひとは神学者たりえる。そうでなければ根本的に全く神学者ではない。不機嫌な顔つきや、気難しい思考や、退屈な語り方は、まさにこの学問においては我慢できないものである！」

（『教会教義学』より）

目次

装丁　桂川　潤

はじめに

本書は、二十世紀最大のキリスト教神学者カール・バルト（Karl Barth, 1886-1968）への手引きです。キリスト教や神学について知りたい、またバルトという大思想家について知りたいという方々をまぶたの読者として書いた入門書です。

おりしも二〇一八年はバルトの没後五十年にあたります。この五十年のあいだに、世界状勢は激変しました。世界を分断していた東西冷戦が終了し、アメリカを中心とするグローバル化が世界を席巻するかと思えば、一転して再び分断と対立の危機が高まっています。こうした半世紀のあいだの状勢変化をふまえつつ、二十世紀に生きた大思想家バルトをあらためて二十一世紀の視点から捉え直そうと試みるのが本書です。

さて、バルトが大思想家だと言っても、現代日本では「バルト」という名前さえ聞いたことがない人も増えているのではないでしょうか？　なかにはヒトラーのナチス・ドイツに抵抗した闘士として、バルトの名を聞いたことがある人もいるかもしれません。バルトとはどのような人物なのでしょうか？

神学はキリスト教会を形成する伝統的な学問です。その長い歴史の中でバルトは最大の神学者の一人と言ってよい存在です。古代のアウグスチヌス、中世のトマス・アクィナスに匹敵するという評価もあります。特に十六世紀の宗教改革から始まって今日まで続いているプロテスタント教会の歴史の中で、最も重要なプロテスタント神学者の一人だと言えます。バルトは宗教改革が持っていた「改革」あるいは「革命」的な原点を再発見し、活性化しました。その思考の深さ、広さ、ダイナミックさにおいて、バルトはキリスト教世界においては傑出した存在です。傑出した存在であるがゆえに、支持者ばかりでなく反対者も数多く生み出し、今日まで世界的な反響と論争を巻き起こし続けています。

とりわけバルトが遺した主著『教会教義学』は類を見ない超大作です。彼はこれを三十年以上書き続け、ドイツ語の原文で約九千ページ、遺稿も含めれば一万ページ以上に達した末、予定されていた最終巻を執筆できずに亡くなりました。なおこの『教会教義学』は、バルトが遺した膨大な著作群の一部分にすぎません。バルトは『教会教義学』以外にも、多数の著作や講演や書簡、そして膨大な教会での礼拝説教を遺しました。

それではバルトは書斎にひきこもる執筆家だったのでしょうか？　たしかに書斎での思索や執筆は重要でした。バルトは仕事机の目の前にキリストの磔刑図（本書表紙の絵）を置き、そこから霊感を得て執筆し続けました。しかし同時に、そうした信仰と思索をバネとして、同時代の政治社会問題にも果敢に取り組み続けました。その取り組みの頂点は、ヒトラーが率いたナチス・ドイツに対して徹底的な抵抗を行ったことです。バルトたちが行ったこの「ドイツ教会闘争」と呼ばれる出来事は、ドイツ国家社会主義の支配と暴力に対抗したプロテストとして、歴史に深く刻みこまれています。

　こうしたとてつもない活動量や執筆量から、バルトがいかに爆発的な創造力を持った人物であったかが想像できると思います。その類を見ない爆発的なエネルギーの源は、いったい何だったのでしょうか？　バルト自身が情熱的な性格の持ち主だったということは、もちろん理由の一つです。しかし、それだけでは到底説明がつかないエネルギーがバルトからほとばしっています。

　全く逆説的なことですが、バルトの創造力の源は、自分の内面から湧き出る力に拠り頼まなかったということでした。彼は自分の内側にではなく、いわば外側に向かって、自らを完全に開いたのです。具体的に言うと、バルトは聖書という一冊の書物からやって来る語りかけに、全身全霊で耳を澄ませたのです。

　その点で、バルトはルターとよく似ています。西欧中世の末期、ルターはそれまで忘れられかけていた聖書の深い核心的なメッセージを発見し、宗教改革をもたらしました。西欧近代の末期、スイスの小さな村で牧師を務めていたバルトもまた、第一次世界大戦がもたらした荒廃のさなか、それまで忘れられかけていた聖書の深い核心的なメッセージを全く新たに見出したのです。

それではキリスト教の核心的なメッセージとは何でしょうか？　それは美しい教会音楽や、聖書の物語を描いた名画や、壮麗な教会建築、あるいは愛と信仰にあふれた偉人たちの功績でしょうか？なるほど、それらはおおいに価値のあるものです。しかしキリスト教史がもたらしたそのような美点や範例を挙げるならば、それと全く同様に――いや下手をすればそれよりももっと多く！――キリスト教徒の悪行や堕落を列挙することができるでしょう。キリスト教の歴史は、善も悪も、賢さも愚かさも、ありとあらゆるものが混合した人間の「宗教」にすぎないことをバルトは自覚し、徹底的に批判しました。そのような迷走する人間の営みにすぎないキリスト教にとって、いったい何が欠くべからざる真の本質なのでしょうか？

これなしにキリスト教は存在意義を失うと言ってよい、決定的な土台があります。それをひとことで「福音」と呼ぶことができます。英語でゴスペル（Gospel）、新約聖書が書かれた古代ギリシャ語では、エウアンゲリオン（*euangelion*）という言葉です。聖書に収録された「福音書」は、イエス・キリストの生涯を通してこの「福音」を語り伝える書です。

「福音」とは、悦ばしい知らせという意味です。それはイエス・キリストの生涯を通して、人を奴隷状態から自由と解放へ、憎悪から友愛へ、争いから平和へ、絶望から希望へ、闇から光へ、バルトのキーワードを用いれば「死からいのちへ！（Aus dem Tode das Leben!）」と導くメッセージです。

さきほどバルトはプロテスタントの神学者だと紹介しました。「プロテスタント神学」のことをより本質的には「福音主義神学（evangelical theology）」と言います。バルトの思想は、キリスト教の本質である「福音」を探究する「福音主義神学」であったと言うことができます。

　それではバルトはキリスト教会のために聖書の福音を探究したのでしょうか？　確かにそうです。とはいえバルトは、制度化し形骸化したキリスト教が見失った生き生きとした福音を探究し続けました。それは既存の教会を絶えず改革する、ひいては教会の壁を越えてしまうような営みだったのです。

　そのことを示すエピソードがあります。昭和初期に哲学者の西田幾多郎は、弟子の滝沢克己がドイツに留学するに際して、神学者バルトのもとで学ぶことを勧めました。滝沢青年は西田哲学の影響を深く受けていたものの、まだ聖書を十分に読んだこともありませんでした。そのようなノンクリスチャンで予備知識のない滝沢が、バルトの講義から深い感銘を受けて、その後生涯にわたってバルトと交流し続けたのです。

　バルトは、キリストの働きは教会の壁に閉じ込めておくことができない「いのちの光」だと言います。いのちが光り輝く未来は、まだ完全には姿を現していませんが、すでに現実世界の地平から到来しつつあります。それは次第に明け染めていく夜に似ています。あたりはまだ凍てつく漆黒の闇に閉ざされていますが、すでに地平線から曙光が射してきているのです。古代の聖書は、このような到来する未来を「神の国」と名づけました。バルトはその未来の国からの語りかけを端的に、単数形で「神の言葉（das Wort Gottes）」と名づけました。

このように考えると、キリスト教世界の伝統的な学問である《神》学とは、一種の《未来》学であるとも言えます。近年バルトにも注目している哲学者の柄谷行人の言葉を用いれば、未来から語りかける「知性の声」はどんなにか細くとも途絶えることがないのです（『憲法の無意識』岩波新書、二〇一六年、116—117頁）。バルトの生涯と思想を案内しつつ、このまばゆいばかりの「未来の言葉」を聴くことが、本書の目指すところです。

宗教改革から約五百年後、ロシア革命から約百年後に

福嶋　揚

凡例

一、聖書の章節数は、日本聖書協会の新共同訳に対応する。章を漢数字、節を算用数字で記した。聖書引用は基本的に新共同訳に準拠したが、表記は変更した箇所もある。

二、バルトの著作からの引用においては、先行する日本語訳を参照させていただいたが、基本的に著者自身による邦訳を使用することとする。またバルト以外の外国語文献の邦訳も、いくつかを除き、著者自身による。

三、バルトの主著『教会教義学』からの引用は、原典ページ数のみを記す。例えば、第一巻第一分冊の一頁であれば、KD I/1, 1と記す。

四、外国語を引用する際、ドイツ語と英語以外の言語（ギリシャ語、ラテン語、ヘブル語）はイタリック体で表記することとする。

五、脚注の「AaO」（Am angeführten Ort の略）はドイツ語で「前掲書」を意味する。

六、脚注の「著作集」は『カール・バルト著作集』（新教出版社）を意味する。

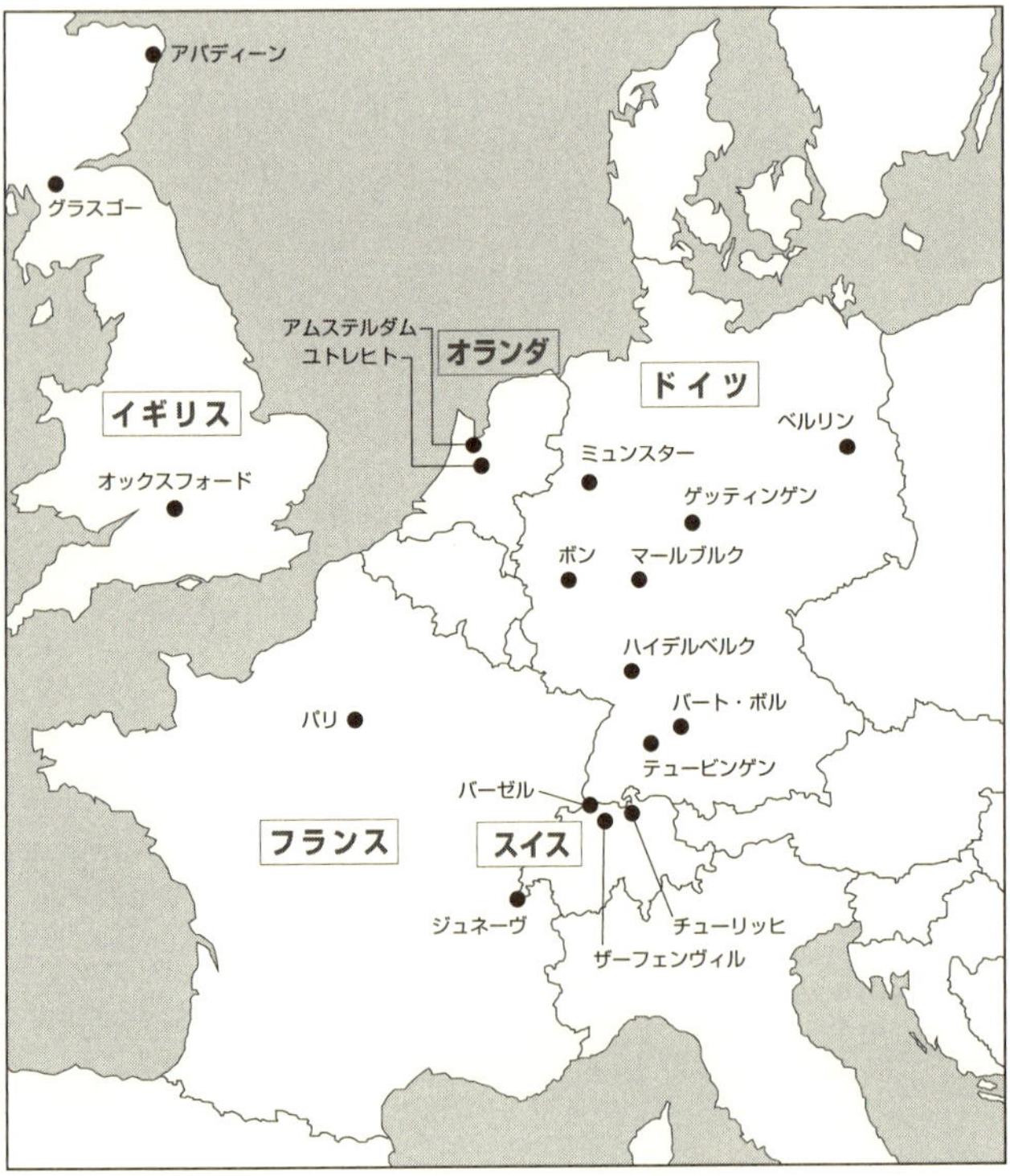

カール・バルト関連地図（国境は 2018 年現在）

序章

「あなたは生きていてよい」

――現代に語りかける福音

「生きねばならないと考えているような人は、いのちを根本的には尊敬することができない。自分のいのちも、他人のいのちも。いわんやまだ生まれてこない子供のいのちにいたっては、なおさらのことである。……その人に欠けているものは、いのちとは何かということに対する尊敬、また理解である。……人間のいのちは、決して〈ねばならぬ〉いのちではなく、〈許された〉いのちである。それは自由であり、恵みなのである。……憐れみによって生きている人は、それに比例してまた憐れみを用いるようになるであろう。」（『教会教義学』Ⅲ／4より）

1　未来を捨てた現代社会——バルト没後半世紀に

二十一世紀の読者と二十世紀のバルトのあいだに橋を架けるために、まず私たちが生きている現代社会を観察するところから出発しましょう。

その顕著な傾向の一つをこう言い表せるのではないでしょうか——「生産能力のない者は生きるに値せず」[1]。あるいは、生産し消費することによって資本主義経済に加わることをしない者、経済成長に貢献しない者は、この社会で生きるに値せず。

「働いて生きていくのは、社会人として当然の義務ではないか？」と言う人もいるかもしれません。けれど今や、労働の低賃金化や長時間化、雇用条件の悪化によって、どれほど働いても生きていくのが精一杯という状況が広がりつつあります。つまり「働かざる者、食うべからず」どころか、どれだけ賃労働しても食えない、子孫も残せないという状況が拡大しつつあるのです。かつて労働者が法律

1　二〇一六年七月三〇日付の東京新聞朝刊に掲載された、相模原市の障害者施設で起きた殺傷事件（同年七月二六日）についての最首悟氏（環境哲学者）の談話を参照。最首氏はこの事件が、「生産能力がない者」を「無価値」な「国家の敵」「社会の敵」とみなす現代社会の傾向を現していることを指摘しています。

によってまだ守られず、資本家が労働者を酷使して利益を搾りとっていた時代へと、社会が逆行しつつあるのです。ちなみに、そのような状況こそ、バルトが牧師として赴任した二十世紀初頭のスイスの工場労働者の状況でした。このことには後ほど言及します（第三章3節）。

資本主義経済とは、ありとあらゆるものを商品化し、それによってより多くの剰余価値を獲得し、果てしない経済成長を求める仕組みです。このような資本主義経済の法則それ自体は、たとえ人間や自然を破壊しても止まることがありません。数多の環境破壊や公害事件はそれを物語っています。資本の非倫理的な利潤追求にブレーキをかけるのは、ほんらい市民の抗議活動や国家の法規制です。ところが、賃労働者・消費者である多くの人々は「今だけ、金だけ、自分だけ」[2]しか目に入らなくなり、政治社会への関心を失いつつあります。

一方国家は、大資本を擁護するために規制を緩和し、それと同時に民主主義的な政治をおろそかにし、戦前を彷彿とさせる独裁国家へと逆行しつつあります。利潤を追求する資本にとって、またその資本からの税収を必要とする国家にとって、人権を擁護する民主主義は、いまや邪魔者なのです。このように、国家制度と資本主義という互いにもたれあった双頭の権力は――かつての世界大戦の時と同様に――生き延びるために、ナショナリズムも動員して戦争を引き起こしかねません。

そのような危機こそが現代社会の本質です。「今だけ、金だけ、自分だけ」しか目に入らない人間社会とは、「今よりも先の展望がない、金よりも重要な価値がない、自分以外の他者と共生できない」、破滅へと転落していく社会なのです。

2　いのちへの畏敬をもたらす福音――バルトの自殺論を手がかりとして

「誰でも生きていてよい」、「生きているだけでよい」という一見あたりまえの権利、基本的人権の中の最も土台にある生存権が、いま危機に瀕しています。そして奇しくも、この「誰もが生きていてよい」ということを前世紀に語ったのが神学者バルトなのです。バルトがそれを語ったのは全く違う文脈においてでした。しかし彼は本質的に同じことを語ったのです。

それは一九五一年、バルトが執筆中であったあの巨大な『教会教義学』の中で、自殺について論じた小さな箇所です。正確に言うと『教会教義学』第三巻「創造論」の中の、「いのちへの畏敬（Ehrfurcht vor dem Leben）」をめぐるテキストです（KD III/4, §55）[3]。

2　農業経済学者の鈴木宣弘氏の言葉。鈴木宣弘『食の戦争――米国の罠に落ちる日本』文春新書、二〇一三年、7頁。

3　この『教会教義学』の全体像については、後で第二章から論じることにします。この大著は第一巻「序論（プロレゴメナ）」、第二巻「神論」、第三巻「創造論」、第四巻「和解論」から成り立っています。ドイツ語の略称では、各巻をKD I、KD II、KD III、KD IVと表記します。

シュヴァイツァーが説いた「いのちへの畏敬」

「いのちへの畏敬」は、もともとあのアルベルト・シュヴァイツァー（Albert Schweitzer, 1875-1965）が、宣教師および医師としてアフリカに赴いた時、原生林の中で閃いた言葉でした。その時シュヴァイツァーは密林の中で、生きとし生けるすべての動植物を畏れ敬うことこそが、人類の目指すべき最高の理想、究極の倫理であることを直観的に見出したのです。

シュヴァイツァーのこの直観が画期的であったのは、それが従来の西欧の人間中心主義を覆す発想だったからです。地球生態系が破壊されていく今日から見ると、二十世紀前半のシュヴァイツァーの発見が先駆的なものだったことがわかります。それは二十世紀後半に発展していく「生命倫理」や「環境倫理」といった思想の先駆けともなりました。

シュヴァイツァーの説く「いのちへの畏敬」は、動植物を神格化することや、森羅万象を「神」や「神々」と見る汎神論やアニミズムとは異なっています。生まれては死んでいく有限な生命それ自体は、神のごとく「崇拝（adoration）」すべき対象ではなく、むしろ「畏敬（veneration）」の対象とされます。そもそも、いかなる生命も他の生命を犠牲にせずして存在できないという現実をシュヴァイツァーは直視していました。どのような生物も食物連鎖の中で殺し殺されること、あるいは生まれては死んでいく運命を免れません。殺生を厭うどんな禁欲主義者であろうと、他の生物を食べなければ生きていかれません。いのちを畏れ敬うことは、絶えずこの殺生の現実と矛盾せざるをえないのです。

「あなたは生きていてよい」という福音

さてバルトもまた、こうしたシュヴァイツァーの洞察を引き継いで、現実の人間が「いのちへの畏敬」を破らざるをえない「限界状況」にしばしば直面することを指摘します。旧約聖書の創世記は、神の天地創造を描いた際に「地は混沌であって、闇が深淵の面にあった」(一2)と記しています。この世界には原初以来、生命を自己破壊する死や罪悪や災禍――バルトはこれらを「虚無(das Nichtige)」と名づけます――がつきまとっています。[4] 殺人、自殺、戦争など、人間がもはやいのちを畏れ敬わないような状況、虚無的な闇が存在します。

キリスト教は長い歴史の中でしばしば、自殺を呪われた行為と見なし、自殺者の葬儀を行わないことがありました。しかしバルトは、聖書をあらためて精査してみると、自殺を明確に禁止する道徳的な言葉がないことを見出したのです。[5]

4 『教会教義学』III/3 §50「神と虚無」を参照。
5 厳密に言うと、バルトよりも先に神学者ディートリッヒ・ボンヘッファーがそのことを遺稿集『倫理』(一九四九年)において論じており、バルトはその洞察を継承しています。「自殺」『ボンヘッファー著作集』第四巻、森野善右衛門訳、新教出版社、一九六二年、161―169頁。

バルトに対して次のような反論もありえます。モーセが神から授かった十戒の中には、「あなたは（人を）殺してはならない」（出エジプト記二〇13）という戒めが含まれているではないか。そして、この他殺を禁じる戒めを拡大すれば、「あなたは自分自身を殺してはならない」という自殺の禁止にもなるではないかと。なるほど、それも一理あります。「自らと他者のいのちを尊ぶべし」ということは、聖書の説く隣人愛の戒め「自分を愛するように隣人を愛せ」（マタイ二二39）にもかなっています。しかしそのような拡大解釈を別とすれば、自殺行為をはっきり禁じた文言は、旧新約聖書には確かに見当たらないのです。

もちろん禁止されていないからといって、肯定され推奨されているとも言えません。聖書には何人かの自殺者が登場します。バルトはそのような自殺者として、初代イスラエル国王サウル、ダビデの顧問アヒトフェル、およびイエスを売りわたしたユダに注目します。バルトによれば、聖書はこれらの人物を神の大いなる恵みに反逆した人々として描いています。

その一方で聖書は、イエス・キリストが「多くの人々のために」自らのいのちを捧げることも描いています（マルコ一〇45）。またイエスでなくとも、人のいのちを救うために自らのいのちをすすんで犠牲にする、きわめて例外的なケースもあり得ることをバルトは示唆しています。

いずれにせよ「自殺を禁止すべきか、それとも肯定すべきか？」という単なる二者択一、あるいは「自殺は悪か善か？」という単なる道徳的判断を聖書から導き出すことはできないというのがバルトの洞察です。

さらにバルトは「あなたは死んではいけない！」という禁止にも、「あなたは生きていなければいけない！」という強制にも、説得力がないことを見抜いています。それらは死の誘惑の中にある当事者に対して訴えかけることができません。

しかしバルトは、そのような死の誘惑の「暗闇の中にさし込む一条の光」があると言うのです。それは「あなたは生きていてよい（Du darfst leben）」というメッセージです。バルトはこのメッセージを神学的に次のように解き明かしています。

> 「あなたは生きなければならない！」ではなく、「あなたは生きていてよい！」これは人間が他人にも自分にも語ることができず、神自らが語ったこと、そして今も繰り返し語ることなのである。誘惑の原因は常に、神が語るのを人間が聴かないこと、そのような神の言葉が人間に聞こえなくなるというところにある。そのために人間を誘惑にひきずりこむ道は、常に律法の道、空虚で神なき表象となる。いわく『生きなければならない』。自分が（自分が、自分が！）生きようと欲する。かくして、知ってか知らずか、誘惑の中に、試みの中におちてしまうのである。孤独に、しかも尊大に。（中略）
>
> 何がここで間違っているのか？　福音によれば、全体の前提が間違っているのである。つまり、

あなたは生きなくてはいけないのでは全くない。あなたは生きていてよいのである！　いのちはまさに神から贈られた自由である。生きようと欲することは、この許された者が欲すること、この自由の中で欲することである。この自由の中では、人間はまさしく主権者などではなく、まさしく孤独でもない。神を創造者、いのちの与え手かつ主として、絶えずいかなる状況においても仰ぎ見ているのだ。（KD III/4, 463f）

バルトはここで「あなたは生きていてよい！」という実にシンプルな言葉によってキリスト教の福音を言い表しています。日本語訳では「生きることを許されている」となっています。「許されている」という訳語は、その許し（赦し）が人間ならざるものからのメッセージであることを示唆しています。バルトは、この福音をいついかなる時もゆるぎなく語ることなど、人間には決してできないと言うのです。

「生きていてよい」ということは、決して自明のことではないし、努力のもたらす成果でもありません。どれほど生きたくても、様々な災厄――災害、病気、事故、戦争など――によっていのちを断たれた無数の人々がいます。さらに「生きていてよい」ということがまさに掘り崩され失われつつあるのが現代の格差社会であることは、前節で見てきたとおりです。「生産能力のない者は生きるに値せず」「経済成長に貢献しない者は生きるに値せず」。――資本主義の末期は、そのような冷気に満ちた社会をもたらしつつあります。その冷気の中で、将来に希望を持てずに死を選んだ人々、死を願う人々がたくさんいます。

だからこそ、これからの社会ではこの「あなたは生きているだけでよい」「そこにありのままでいるだけでよい」という福音が、人間の手によって生かされ具体化されることが喫緊の課題なのです。それは、いのちに条件があってはならないこと、言い換えれば生きることは無条件に尊いということです。

なぜ尊いのか? いのちはいのちでしかないからです。[6] どのいのちも交換不可能、取り換え不可能な、一回限りの奇跡だからです。バルトは『教会教義学』の中でいのちの歴史の「一回性」を強調しています（KD III/4, §56-1）。いのちを軽んじ殺めることは、それが死刑であろうと戦争であろうと、人知と人為を超えたこの聖なる一回性に対する冒瀆です。

いのちを脅かし冒瀆するあらゆる妨害や誘惑を貫きとおす「生きていてよい」という根本的な許可、許し（赦し）のメッセージを聴いて「そのとおりだ」と受け入れることができる時、人は自らを「生きるに値しない」と断罪して犠牲にすることから解放され始めるでしょう。自己肯定を回復する者は、

6 「いのちはいのちでしかない」という言葉は、二〇一六年七月の相模原市での障害者殺傷事件を受けて、環境哲学者の最首悟氏が述べた言葉。東京新聞の前掲記事を参照。

他者の存在を肯定し、他者とのつながりを回復して、全く新しく生き始めるでしょう。

このように見てくると、福音が絵空事ではなく、人間を変革する根本的な力を持つことが見えてきます。それは人間に全く無条件に贈り届けられ、人間がそれに応答することを待つメッセージであると言えます。

例えば「あなたは生きているだけでよい」ということを実現する政策の一つとして、ベーシック・インカム（無条件の基礎収入）があります。資本主義経済がもたらす貧困の拡大によって、ますます多くの人々が生きることが困難になっていく時、誰にも無条件で配布されるベーシック・インカムの支給は「誰もが生きていてよい」という福音を反映する政策の一つとなるでしょう。[7]

また余談ですが、ドイツ語には Schön, dass du da bist! という挨拶の言葉があります。直訳すると「君がいることは素晴らしい！」となります。「よく来たね！」「ようこそ！」くらいの感覚で使われる、ごく普通の言葉であり、特にキリスト教的な表現というわけではありませんが、この何気ない言葉は福音を日常に反映させた素晴らしい言葉ではないかと感じます。

3　幸〈福〉の、訪れ＝〈音〉連れ——神学の課題としての〈福音〉

さて「あなたは生きていてよい（生きることを許されている）」という福音は、人をただの怠け者にするでしょうか？「自分は自力で生きねばならない」という観念に囚われているかぎり、人はそのような疑いを抱くことでしょう。

しかし、人はあらゆる自己形成や自助努力に先立って、すでに生きている、つまりあるがままに生かされています。福音はこのことに目を見開かせ、人を最も深いところで穏やかにすると同時に、その最も深いところから活性化せずにはおかないメッセージなのです。

バルトによれば、福音は目に見える「形（Gestalt）」をとって現れます。

例えば旧約聖書の出エジプト記においては、神ヤハウェがモーセの一行をエジプト王国での奴隷状態から救出します。そして人々がこの解放の恵みを生かして共生社会をつくるために、神は人々に「律法（法律）」を与えます。その律法の代表が「十戒」です（二〇2―17）。十戒はユダヤ民族にとっての共生のルール、憲法のようなものです。自らが生かされていることを知る者は、同胞を「生かせ」、同胞を「殺してはならない」（二〇13）という戒めを受け取ります。

「私は生きていてよい」という自己理解は、「隣にいるあなたもまた生きていてよい」社会、「あなたも私も共に生きて祝福される」社会の形成へと人を誘います。自らが受けた恵み、贈与の大きさ

7　井上智洋『人工知能と経済の未来――二〇三〇年雇用大崩壊』文春新書、二〇一六年を参照。

に打たれた人は、それを第三者に贈与（ペイ・フォワード）するでしょう。このような純粋贈与の力、福音の力は、人を暴力的に従わせる力とも、金銭的に動かす力とも異なる力なのです[8]。

その贈与の福音を人はどこから、何を手がかりとして知りうるのでしょうか？　キリスト教はそれをイエス・キリストという一人物に見出します。イエスの教えと生涯、それが行き着いた十字架刑による死――同胞からも、伝統宗教からも、国家からも、そして神からも捨てられた死――は、人がもう二度とこのように死ななくてよい、自らを犠牲にささげなくともよい、「生きていてよい」という、一回的で決定的なメッセージなのです。

福音とは、このような「幸い」（マタイ五3以下）の訪れ、幸福の音連れ、告げ知らせであるということができます。そして旧新約聖書を通して、また旧新約聖書の中心人物であるイエス・キリストを通して、この福音を探究するのがキリスト教神学という伝統的学問なのです。

本書の内容構成

次章よりバルトの生涯と思想、バルトによる福音の探究を見てゆくことにしましょう。独自なバルト神学がいかにして誕生したのか（第一章「バルト神学の誕生」）。それがどのように土台を確立したか（第二章「バルト神学の礎」）。さらにその土台に基づいてバルトが政治社会にどう対峙したか（第三章「バルト神学の展開」）。そしてバルトの思想が――ある意味でバルト自身を超えて――今日どのような射程を持っているか（第四章「バルト神学の地平」）。このような順序で見てゆきましょう。
バルトの生涯（一八八六―一九六八年）は、およそ以下のような時期に区分できます。

一八八六―一九〇四年　青少年時代
一九〇四―一九〇九年　神学生時代
一九〇九―一九一一年　ジュネーヴでの副牧師時代
一九一一―一九二一年　ザーフェンヴィルでの正牧師時代
一九二一―一九三〇年　ゲッティンゲンとミュンスターでの神学教授時代
一九三〇―一九三五年　ボンでの神学教授時代
一九三五―一九四五年　終戦までのバーゼルでの神学教授時代
一九四五―一九六二年　終戦後から神学教授退官までの時代
一九六二―一九六八年　定年退職後

こうしたバルトの生涯の全体は、巻末の「コラム1――二十世紀最大の神学者の足跡」に年表形式

8　柄谷行人『憲法の無意識』岩波新書、二〇一六年、「贈与の力」（118―133頁）を参照。

でまとめています。

本書はバルトの思想をおよそ形成された時代順にたどってゆきますが、ときに時代順を離れて、それらを主題的に再構成したものになっていることをお断りしておきます。

第一章

未知の言葉が語りかける

――バルト神学の誕生

「われわれの同時代人の全体は、閉ざされた死の壁を前にして不安と困窮の中に立っている。その背後に控えているかもしれない新しいものについては、ほとんど気づきさえもしないで。」

（「聖書における問いと明察と展望」より）

1　神学は神を語り継いできた

神学とは何か

こんにち「神」について語ることは困難になりつつあります。万物を支配する絶対的な支配者もしくは究極の原理として、超越的な「神」を引き合いに出すことは、ますます不必要になりつつあります。さらにまた、価値観が多様化し、諸宗教が乱立する現代世界において、いたずらに「神」を主語とする言葉には——宗教的コミュニティの内部を別とすれば——公共性がありません。それゆえに、「神」を信仰する伝統宗教の一つであるキリスト教の存在意義も、厳しく問われつつあります。

もっともそのような困難や問いは、二十一世紀の今に始まったことではありません。キリスト教は二千年前に誕生して以来、「神は存在するのか?」「神が存在するとすれば、その神を知るにはどうしたらよいのか?」「なぜキリストが神の子なのか?」といった数々の根本的な疑問にたえず直面しながら、それに応答し存続してきたからです。

例えばバルトが重視する中世の神学者カンタベリーのアンセルムスによれば、信仰とは知性を排除する独断では決してなく、「知解を求める信仰（*fides quaerens intellectum*）」と呼ぶべきものです。神学（theology）は、古代ギリシャ語の語源（*theologia*）にさかのぼれば、神（*theos*）について語ること

(*legein*) です。キリスト教神学は、旧新約聖書に基づいて神を語り伝える営み、またそのような語り伝えを「自己点検」(KD I/1, 1) する営みとして、長い歴史を持つ学問です。

そして、そのような長年の根本問題に二十世紀に改めて直面したのが、他ならぬカール・バルトだったのです。それればかりかバルトに固有な歩みは「人間が神を語ることはできない」という挫折、つまり神学の一種の「死」からこそ誕生したのです。本章でお話ししたいことは、そのようなバルトの出発点です。

青年バルトが受け継いだもの

キリスト教の影響が根強い西欧の伝統的社会においては、神学教育を受けて教会の聖職者となることは、名誉ある地位につくことでした。スイス人の青年カール・バルトは、牧師であり大学の神学教授でもあった、厳格な父ヨハン・フリードリッヒ(フリッツ)・バルトから強い影響を受けました。そして自らも牧師を志し、スイスとドイツの幾つかの大学で神学を専攻しました。

父が死の床でやすらかに息子たちに告げた最後の言葉(一九一二年二月二五日)が残されています。それはまるで教室で神学生たちに語るかのような言葉でした。

主イエスを愛することが主要な事柄である。学問でも、教養でも、批評でもない。神との生きた結びつきが必要である。それを与えられるように、われわれは主なる神に祈り求めなければならない。[1]

この父フリッツの遺言は、キリスト教の本質を語っています。神学という学問は、キリスト教だけでも二千年、その前史をなすイスラエル民族の歴史も入れれば三千年以上の歴史を持ちますから、それだけで神学部図書館が一軒立つような知識や研究の蓄積によって成り立っています。しかし、どれほど高くそびえたつ博識も知性も、その土台にイエスに出会って打たれた体験、そしてイエス自らがその生涯を通して体現する「神の国」との出会いがない限り、根無し草にすぎないということをフリッツの遺言は語っているように思われます。

青年バルトが受け継いだのは、まさにそのような西欧キリスト教的な文化と教養でした。バルトが薫陶を受けた神学者は、ベルリン大学のアドルフ・フォン・ハルナックやマールブルク大学のヴィルヘルム・ヘルマンなどでした。また、聖書以外にもっとも影響を受けた古典は、十八世紀の哲学者イマヌエル・カント、そして十九世紀の神学者フリードリッヒ・シュライエルマッハーでした。カント

1　エーバーハルト・ブッシュ『カール・バルトの生涯』小川圭治訳、新教出版社、一九八九年、98頁＝Eberhard Busch, Karl Barths Lebenslauf, München 1975, 80.

からは「世界の中にも外にも、善意志以外に善なるものは存在しない」[2]ことを学びました。シュライエルマッハーからはキリスト教を道徳的で内面的な体験として学びました。

とりわけカントとシュライエルマッハーを総合的に受け継ぐ神学者ヘルマン（Wilhelm Herrmann, 1846-1922）から直接教えを受けたことによって、この影響は深められました。ヘルマンによれば、人は聖書を通して、神に対するイエスの完全な服従、同胞への完全な愛、死をも恐れぬ完全な克己にふれます。人はそこでイエスの人格が秘めた「内なる生命」に出会い、それによって信仰を呼び覚まされます。信仰とは、このような生きた神との直接的なふれあいであり、神が何者であるか、そして人間が何者になるべきかを理解することだと言います。

ヘルマンの教えを受けた若きバルトは、神を「経験（Erlebnis）」することは、「超人間的、超世界的で、それゆえに絶対的に優越する生命力の現臨と働きについての直接的な意識[3]」であると考えました。また「宗教（Religion）」とは、個人の生命を最も高いところへと導くものであり、その本質は言い表しえず、直接伝達できないものだと考えました。青年バルトにとって「経験」と「宗教」は互いに結びついており、積極的な意味を持った鍵概念でした。バルトによるこうした信仰理解は、十九世紀の自由主義神学あるいは文化プロテスタンティズムとも呼ばれるキリスト教の精髄であったとも言えます。

バルトはそのようなキリスト教文化を吸収しつつ、ジュネーヴの教会で副牧師として活動を開始しました（一九〇九―一一年）。ジュネーヴは十六世紀の宗教改革者カルヴァンゆかりの町でもありました。バルトが幼少期から呼吸し、自らの土台としたのは、このカルヴァン派（改革派）の伝統でした。カルヴァン派の伝統とバルトの関係については、後ほど改めて論じます（第二章3節や第四章1節）。

続く一九一一年からは、バルトはアールガウ州の小村ザーフェンヴィルにおいて、正牧師として勤務し始めました。ザーフェンヴィルは多くの工場労働者が暮らす村でした。バルトはこの村の教会で、ヨーロッパを席巻していた社会主義運動にも関わるようになりました。バルトは労働者の側に立つことによって、ヨーロッパ市民社会の楽観的な進歩主義や、そのような傾向に迎合するキリスト教に対して批判的になってゆきました。バルトの資本主義社会に対する取り組みについては、後ほど改めて取り上げることにします（第三章3節）。

2 カント『道徳形而上学原論』第一章冒頭の言葉。
3 カール・バルト「キリスト教信仰と歴史」登家勝也訳、著作集第一巻、一九六八年、6頁 = Karl Barth, Der christliche Glaube und die Geschichte (1910), in: ders., Vorträge und kleinere Arbeiten 1909-1914, Zürich 2012, 161.

2　神学の死――第一次世界大戦の衝撃

そのようなさなか、それまでのバルトのキリスト教徒、牧師としての歩みを大きく動揺させる出来事が起きました。一九一四年の夏、第一次世界大戦の勃発です。

オーストリアの帝位継承者フランツ＝フェルディナント夫妻の暗殺が導火線となって、戦火はあっというまに拡大しました。この大戦は明確な根拠や論理が欠如した出来事として現れました。それなりに民主的な制度を持ち、物質的にも恵まれているヨーロッパの文明諸国家が、突如として戦争に次々と巻き込まれ、膨大な死傷者をもたらしたからです。

中立国であったスイスは直接参戦こそしませんでしたが、その近隣諸国は次々と参戦しました。バルトを含むザーフェンヴィル村の住民も、国境や村の警備のために次々と動員されるほど、戦火が差し迫りました。バルトは、毎週教会で行うすべての礼拝説教において、戦争に対する怒りを表明しました。

しかし、バルトは単に反戦の怒りにかられただけではありませんでした。学生時代に神学を学んだ恩師のほとんど全員を含む「九三人の知識人」が、ドイツ皇帝ヴィルヘルム二世とその宰相ベートマン＝ホルヴェークの戦争政策に対して支持声明を発表しました。このことこそ彼に最も大きな衝撃を与えたのです。

神学教授たちだけではありません。バルトが当時かなり共鳴していたヨーロッパの社会主義運動も同様でした。社会主義運動は労働者の地位向上を目指す運動であると同時に、国境を越えた反戦運動という性格を持っていました。開戦の約二年前、バーゼルで行われた第二インターナショナル[4]の総会は、差し迫った戦争への反対を決議しました。ところがそのわずか二年後、大戦勃発と同時に多くの社会主義者は、インターナショナルな連携よりもナショナルな結束を優先し、戦争支持へと寝返ってしまったのです。こうして世界大戦は、宗教と学問と社会運動を飲み込んだのです。

牧師バルトが当時行った様々な講演の一つに、開戦翌年の「戦争、社会主義、キリスト教」と題された講演があります。バルトはその中で、「平和を欲するならば戦争に備えよ（*si vis pacem, para bellum*）」という言葉に世界大戦の原因を見出しています。この古代ローマ帝国の諺は、古来「平和を守れ」という大義名分のもとにあらゆる戦争が始まったことを示しています。このような軍国主義に加えて、少数の権力者による外交の支配、ナショナリズムの高揚、さらに「生産手段の私的所有に基

4　第二インターナショナルは、一八八九年にパリでフランス革命百年をふまえて結成された、社会主義的労働者の国際的団体。

づく無秩序な利潤追求」こそが戦争をもたらす原因だとバルトは述べています。[5] このような国家と資本の支配に対して、キリスト教という伝統宗教も、アカデミズムの学問も、社会主義運動も、いずれも対抗することができずに屈服したわけです。

それにしても、人間が正しいと見なす戦争を是認するために、聖書あるいは「神」が引き合いに出されるならば、結局キリスト教は「神」の名のもとに人間自身について語っているにすぎないのではないでしょうか? 「神」とは所詮、人間の願望投影ではないのでしょうか?

このような疑いをすでにキリスト教に対して突きつけていたのが無神論です。例えば十九世紀ドイツの哲学者ルートヴィヒ・フォイエルバッハ（Ludwig Feuerbach, 1804-1872）は、人間が「神の似姿」（創世記一27）なのではなく、逆に「神が人間の似姿」であるにすぎないと考えました。フォイエルバッハによれば、神について語る神学は、人間が自らについて語る人間学へと変わらなければなりません。[6] 「人間は神を語ることができる」という楽観主義こそが、フォイエルバッハの無神論に行き着いたのです。人間が自らの内にある道徳的な最高善、あるいは「神」に限りなく近づくことができるという啓蒙主義的楽観論、そしてその延長線上にあった近代プロテスタンティズムは、必然的に無神論を生み出しました。それゆえに無神論は、従来のキリスト教がわが身に招くべくして招いた審判であるとバルトは考えました。

こうして自らの土台がいったん崩壊したところからこそ、バルトに真に固有な歩みが始まります。

「神を語る」神学の不可能性、つまり神学の一種の「死」こそ、バルトの出発点となったのです。[7]

3　「死からいのち」をもたらす言葉

「全く異なる何か」との遭遇

バルトは開戦翌年の一九一五年二月、近隣の村ロイトヴィルに住む友人のエドゥアルト・トゥルナ

5　Karl Barth, Krieg, Sozialismus und Christentum〔II〕(1915), in: ders., Vorträge und kleinere Arbeiten 1914-1921, Zürich 2012, 105-117, 105f. 一九一五年一月二六日、バルトはあえてスイス社会民主党に入党しました。その入党後の最初の講演が、この一九一五年二月一四日付の「戦争、社会主義、キリスト教」です。この時期のバルトの政治的行動については、後ほど第三章3節で改めて論じます。

6　例えばフォイエルバッハの『キリスト教の本質』(一八四三年第二版)船山信一訳、岩波文庫、一九六五年を参照。

7　もっとも、第一次大戦をバルト神学誕生の唯一の要因と見ることはできません。大戦以前、例えば一九一〇年に書かれた博士論文「宗教哲学についての理念と着想」の構想において、彼以前の近代神学を超克せんとする志向が見られます。Karl Barth, Ideen und Einfälle zur Religionsphilosophie (1910), in: ders., Vorträge und kleinere Arbeiten 1909-1914, 126-138.

イゼン牧師に宛ててこんな手紙を書いています。

> 私は今や社会民主党に入党しました。日曜ごとに、究極のものについて語ろうと努力しているからこそ、私自身が今日の悪い世界の上を雲のように個人的にただようことをもう許せませんでした。最も偉大なものへの信仰が、不完全なものの中での働きや苦難を排除せず、包括することが今こそ示されなければなりません。[8]

牧師は日曜日ごとに、教会の聴衆に向かって聖書を解き明かします。その際、聖書から聴きとられるべき「究極の」——つまり神についての——メッセージと、「究極以前の」——つまり日々の人間社会の——諸問題が、互いに無縁なものであるかのように済ますことは、牧師バルトにとって許しがたいことであったのです。

この時期、バルトは様々な人物と交流を広げていく一方で、聖書研究へと徹底的に没入してゆきます。バルトという人物に特徴的なことは、自らの視野や交流の拡大と、聖書への集中的な取り組みが、あたかも両輪のように同時展開してゆくことです。

この頃バルトが交流したのは、例えば次のような人々です。共に聖書を研究し、生涯の対話の相手となった牧師トゥルナイゼン。宗教社会主義者の牧師ヘルマン・クッター。チューリッヒの実業家ペスタロッツィ夫妻。バート・ボルの牧師ブルームハルト。[9] 神学者である弟のペーター。哲学者である弟のハインリッヒ。ニーチェの友人でありキリスト教に批判的な教会史家フランツ・オーファーベック（故人）の夫人イダ。さらにフランツ・ローゼンツヴァイクなどのユダヤ人たち。

バルトは一九一六年のある礼拝説教で「始めから始める（mit dem Anfang anzufangen）、それも常に繰り返し、始めから始める」べきことを説きます。この表現は後年のバルトの文章にも繰り返し登場します。聖書解釈と礼拝説教は、それまで考えられてきたように人間の内面性や意識の表現ではなく、全く新たにテキストを聴きとる営みへと生まれ変わるべきだということです。

敬虔な信仰者が意図的に設定したり捏造したりすることができない「全く異なる（*totaliter aliter*）」何ものかが聖書にあることを、バルトは見出し始めたのです。それは、人間が聖書について語ることではなく、聖書が人間へと語りかけることこそが重要であるという、視点の転換、いわば主客の逆転です。このような主客の逆転が現れてくるバルトの重要な講演の一つが「聖書における新しき世界」

8　一九一五年二月五日付のトゥルナイゼン宛書簡。ブッシュ『カール・バルトの生涯』119頁＝Busch, Karl Barths Lebenslauf, 94.

9　バルトに影響を与えた父子二代にわたる牧師ブルームハルトについては、井上良雄の名著『神の国の証人・ブルームハルト父子——待ちつつ急ぎつつ』新教出版社、一九八二年を参照。

（一九一七年）[10]です。

講演「聖書における新しき世界」

「聖書には何が書かれているのか？　聖書が扉であるような家とは、どのような家なのか？　聖書が開かれる時、そこでは一体どういう土地が現れてくるのか？」とバルトはまず問いかけます。[11]　聖書の読者は、そこに人間の様々な期待や世界観を投影し、それなりに満足するかもしれません。しかしそれはすぐさま逆転して、「恥じ入らしめ圧迫してくるような仕方で、『そうだ、一体きみは何を欲するのか。そして、そのように問うことを己れに許すきみとは、一体何者なのか』という別の問いに変じて、問う者自身に返ってくる」というのです。[12]

聖書は読者に次のように語りかけます。「見たまえ、今やきみは、自分を私の中に映し出そうと欲し、実際にきみ自身の像を私の中に再び見出したのだ！　さあしかし、きみは行け、そしてなおも私を探し求めよ！　そこにあるものを探し求めよ！」[13]。

探し求める者に返ってくるのは、聖書には「或る新しき世界」があるという答えです。[14]　この新しい世界を前にして、怖気づく者が「私たちは実にもう弱くて不完全できわめて平均的な人間にすぎません！」と言おうと、「聖書の霊は、私たちが欲しようが欲しまいが、私たちを主要な事柄（Hauptsache）へと駆り立てる」というのです。そして「きみはそれに値しないにもかかわらず、ただ敢行したまえ、そして、あの最高のものを摑み取りたまえ！」と招くというのです。[15]

聖書は通常の歴史とは異なる、奇妙で唯一無比の歴史を語ります。それは神に導かれるイスラエル民族の歴史です。聖書は、自らが物語る歴史の「まさに最も決定的な箇所でこそ、私たちの『なぜ（Warum?）』に対しては、いかなる答えも与えてはくれない」とバルトは言います。[16] 歴史学者の「なぜ（Warum?）」という問いに対して「そうだからそうなのだ（Darum）」としか答えないのです。[17] 例えば、モーセはなぜ偉大な律法を授かることができたのか？　預言者エレミヤは自民族の禍いを預言しつつ、なぜ民の仲間であり続けたのか？　イエスが行った数々の奇跡や復活はなぜ起きたのか？

10　カール・バルト「聖書における新しき世界」『バルト・セレクション４　教会と国家Ⅰ』天野有編訳、新教出版社、二〇一一年、112―158頁＝Karl Barth, Die neue Welt in der Bibel (1917), in: ders., Vorträge und kleinere Arbeiten 1914-1921, 317.
11　前掲書112頁＝AaO, 318.
12　前掲書119―120頁＝AaO, 323.
13　前掲書122頁＝AaO, 324.
14　前掲書120頁＝AaO, 323.
15　前掲書123頁＝AaO, 325.
16　前掲書126頁＝AaO, 326.
17　前掲書126頁＝AaO, 327.

等々……そこでは「或る完全に他なるもの、新しきもの、全く固有の根拠や可能性や前提をもった或る歴史」が始まるのです。[18] 読者はふつう歴史と呼ばれるものを遥かに越えて、聖書の歴史を通して新しい世界のただ中へと導き入れられるのです。

聖書に道徳的メッセージを期待しても長続きしません。「聖書は、善悪に関する私たちの観念に対して或る奇妙な無関心を示している」とバルトは言います。[19] 例えば息子を生贄に捧げようとするアブラハム。盲目の父をだまして長子の権利を手に入れるヤコブ。数々の戦争の記述……こうした奇異な内容の数々のゆえに、学校の教師や教会の牧師は困惑し、つい聖書以外のわかりやすい教材や道徳書へと手を伸ばしたがります。[20] このことは序章で言及した、聖書には自殺に関する道徳的判断がないというバルトの指摘とも重なります。

ではなぜ道徳的な善悪が、聖書にとって「主要な事柄」ではないのでしょうか？　それは、人間の善意志が自発的に選ぶ様々な道ではなく、善意志そのものの起源こそが聖書にとっての「主要な事柄」だからです。[21] つまり道徳や律法ではなく、それらに先立つ福音こそが主要な事柄なのです。[22] 言い換えれば、人間が神について抱く考えではなく、神の人間に対する考え、つまり「どのようにして人間が神への道を見出すか」ではなく、「どのようにして神が人間への道を見出したか」こそが、聖書にとって主要な事柄なのです。この「道」とは、聖書の主人公イエス・キリストにおいて、「すべてのためにただ一度きり」確かに作られた道に他なりません。この道は、向こう側からこちら側へと拓かれる道であって、その逆ではないのです。

聖書が開く新しい世界は、種子に譬えられます。これはイエスが語った種まきの譬え話に基づくものです（マタイ一三1―9他）。まかれる種とは「人間が学ぶことも真似することもできない」一切が新しくなるような始まりです。人間はそこでただ「共に生きること、共に成長すること、共に熟したものになる」ことしかできないと言われます。[23] バルトによれば、これこそが人間のいかなる敬虔さや宗教性とも異なる、聖書の主要な事柄、「新しき世界」なのです。それは「新しい人間、新しい家

18　前掲書127頁＝AaO, 328.

19　前掲書130頁＝AaO, 330.

20　そのような本の例として、バルトはスイスのカール・ヒルティの本を挙げています。ヒルティは『眠られぬ夜のために』や『幸福論』といった著作によって、日本でも知られています。

21　前掲書132頁＝AaO, 331.

22　「聖書にとっては、人間の行為ではなく、神の行為こそが主要な事柄なのです。私たちが善き意志を持つ時に選ぶ可能性がある様々な道ではなく、そこからして或る善き意志が初めて創り出される諸力こそが、主要な事柄なのです。私たちが『愛』ということで理解しているかもしれないものがどのように展開され実証されてゆくのかではなく、或る永遠なる愛、神が理解するところの愛が、そこに存在して突然現れ出るということこそが、主要な事柄なのです」（前掲書132頁＝AaO, 331）。

23　前掲書134頁＝AaO, 332.

族、新しい情況、新しい政治」をもたらします。その変革は「すべての死せるものが生けるものとなり、或る新しき世界が生まれるに至るまで一刻も憩い休むことはない」とバルトは言います。[24]

弁証法神学

この講演「聖書における新しき世界」が語る内容は、バルトの最初の著作『ローマ書』の中心思想を先取りしています。十六世紀のルターが、パウロのローマ書(ローマの信徒への手紙)の意義を再発見することを通して中世後期に宗教改革という変革をもたらしたように、二十世紀のバルトもまた、自らの土台であった十九世紀的な教養や文化の危機に直面して、同じくパウロのローマ書の読解に集中し、全く独自のローマ書注解を著したのです。

この『ローマ書』第一版(一九一九年)——未邦訳のバルトの重要文献の一つです——によれば、「いわゆる歴史(die sogenannte Geschichte)」の奥底に「本来の歴史(die eigentliche Geschichte)」が隠されています。「いわゆる歴史」は「アダムの線」とも呼ばれ、「本来の歴史」は「キリストの線」とも呼ばれます。後者の歴史は、イエス・キリストの登場とともに決定的な仕方で種をまかれ、目に見えない仕方で成長し拡大してゆきます。目に見える歴史の背後に、それとは異なる不可逆の歴史、「死からいのち」をもたらすほどの新しい運動が働き続けているというのです。

『ローマ書』第二版(一九二二年)においても、問う者と問われる者の逆転、人間と神のあいだの逆転の思想が引き継がれます。例えばバルトはこう言っています。

私たちは真理に向かって「なぜ君は真理なのか?」と問うことはできない。なぜなら真理は私たちに向かってすでに「君は一体誰なのか?」と問うており、この問いと共にすでに、以下のような無限に内容豊かな答えを与えているからだ。「君は人間、この世界におけるこの人間、神の、創造者であり救済者である神の人間なのだ」[25]。

ただし、第一版を全面的に書き直した『ローマ書』の第二版——こちらは邦訳も存在して知られています——では、神と人のあいだの絶対的な差異がいっそう鋭く強調されるようになります。『ローマ書』第二版を貫くのは、移ろいゆく世界と永遠なる神のあいだの絶対的な乖離、「時と永遠の無限な質的差異」です[26]。双方は全く異なる次元にあって、その間のあらゆる量的、漸次的、進化的な媒

24 前掲書148頁＝AaO, 342.
25 カール・バルト『ローマ書』吉村善夫訳、著作集第一四巻、一九六七年、344頁＝Karl Barth, Der Römerbrief (Zweite Fassung) 1922, hg. von Cornelius van der Kooi und Katja Tolstaja, Zürich 2010, 394.
26 前掲書12頁＝AaO, 17 [XIII]. この二つの『ローマ書』の間の移行期に行われた講演として、「社会におけるキリスト者」（一九一九年九月）や「聖書的な問いと洞察と展望」（一九二〇年四月）などがあります。

介や移行はありえません。いのちと公正（義）に満ちた新しい世界と、死と罪過に支配された古き世界とのあいだには、決定的な断絶と不連続性が横たわっています。それにもかかわらず、前者が後者へと向かって、ただイエス・キリストという一点を通して不可逆的に突入することこそが『ローマ書』第二版の特徴なのです。

このような断絶と差異をめぐって、バルトは一九二二年秋の講演「神学の課題としての神の言葉」において、次のような重要な考え方を語っています。

私たちは神学者であるから神について論じなければならない。しかし私たちは人間であり、自分自身では神について論じることはできない。私たちは自らの「しなければならない」（当為）と「できない」（不可能）というこの二つのことを知り、それによって神に栄光を帰さねばならない。これが私たちの困難である。それに比べれば他のことは児戯に等しい。[27]

バルトがザーフェンヴィルでの牧師時代の末期に直面した問題が、ここに凝縮して語られています。[28]「1 神について語らねばならない。2 だが神について語ることはできない。3 この矛盾をとおして神に栄光を帰さなければならない」という三重の命題がここで語られています。バルトは第一の命題を「教義学的な道」、それを否定する第二の命題を「批判的な道」、そして第三の命題を「弁証法的な道」と名づけます。

ここで言う弁証法とは、「神が語る」という人間に計算不可能な出来事を指し示すことです。「神に栄光を帰す」こととは「神についてはただ神のみが語ることができる」ということです。[29] この第三の「弁証法的な道」は、テーゼとアンチテーゼ、肯定と否定という矛盾を引き受けた時に初めて拓かれる道です。テーゼとアンチテーゼ、肯定と否定は同時に存在しています。そして両者を成り立たせる、いわば見えざる中心が存在します。この見えざる中心とは「神が人となった」という新約聖書の中心的メッセージ、すなわち神がイエス・キリストという一人格において己を体現したという秘義に他なりません。

「弁証法」という考え方がバルトにおいて突出するのは、ちょうどこの一九二〇—二一年の頃です。それゆえにこの頃バルトの思想は「弁証法神学」というニックネームをつけられました。神と人との無限の隔たり、それにもかかわらず、同時に神と人のあいだの結びつきを考えようとするのが、弁証法的思考なのです。ここで言う弁証法とは、テーゼからアンチテーゼへ、さらにジンテーゼへと移行

27　カール・バルト「神学の課題としての神の言葉」大宮溥訳、著作集第一巻、167—193頁、169頁 = Karl Barth, Das Wort Gottes als Aufgabe der Theologie, in: ders., Vorträge und kleinere Arbeiten 1922-1925, Zürich 1990, 144-175, 151.

28　この講演自体は、ザーフェンヴィルを去ってゲッティンゲン大教授となってから行ったものです。

29　前掲書190頁 = AaO, 173.

していく円滑な発展的上昇ではなくて、否定と肯定のあいだで人間が永遠に引き裂かれ、つき動かされるということなのです。

ところで、バルトは『ローマ書』の頃からマティアス・グリューネヴァルト（Matthias Grünewald, 1470/75-1528）という画家が描いた祭壇画にしばしば言及するようになります（本書表紙の絵）。これは宗教改革勃発の直前に描かれた巨大な祭壇画です。グリューネヴァルトは、十字架上で死んでゆく無残なイエスの姿を描きました。そのイエスのかたわらでは、洗礼者ヨハネ——イエスの先駆者として処刑された預言者ヨハネです——がイエスを指さして、「あの方は栄え、私は衰えねばならない」（ヨハネ三30）と語っています。逆説的であり深遠な言葉です。バルトはこの言葉を「聖書的な洞察（biblische Einsicht）」と呼びます。[30] 洗礼者ヨハネは自らを超え出てイエスを指し示し、全くその対象によって生かされ、またその対象のために生きています。

バルトは自らの仕事机の前に、この祭壇画の小型版を掛けるようになりました。十字架上のキリストを指さすこの洗礼者ヨハネの指と言葉こそ、神学のあるべき姿勢だと考えたのです。バルト自身はこの磔刑図のテーマを端的に「死からいのちへ！（Aus dem Tode das Leben!）」[31] と言い表します。

バルトはザーフェンヴィル時代、教会史家フランツ・オーファーベック（Franz Overbeck, 1837-1905）から、既成のキリスト教の衰退と死を宣告する「死の知恵（Todesweisheit）」を受け継ぎました。バルトはこの「死の知恵」をグリューネヴァルトの祭壇画に描かれた洗礼者ヨハネの姿、とりわけ彼が十字架上のキリストを指さしながら語っている言葉、「あの方は栄え、私は衰えねばならない」と結びつけて理解しました。またバルトは同じザーフェンヴィル時代、西南ドイツにおいて大きな影響力を持っていた牧師ブルームハルト父子から、いのちあふれる神の国の到来に対する希望を受け継ぎました。かくしてバルトは、このオーファーベックとブルームハルトから受け継いだ「死」と「いのち」という両極端の認識を「いのちから死へ、死からいのちへ！」と統合するに至ったのです。バルトがザーフェンヴィルでの牧師時代に見出したのは、このように「死からいのちを」もたらす聖書の言葉、死からいのちへと甦ったイエス・キリストの力だったのです。

30　カール・バルト「聖書における問いと明察と展望」山本和訳、著作集第一巻、97―135頁＝Karl Barth, Biblische Fragen, Einsichten und Ausbliche (1920), in: ders., Vorträge und kleinere Arbeiten 1914-1921, 662-701.

31　前掲書123頁＝AaO, 692.

第二章

未知の言葉を聴きとる

——バルト神学の礎

「《言葉（Das Wort）》は、神学の場所にとって必要な諸条件のうち、唯一ではないが第一の条件である。神学自体がそもそも言葉、つまり人間的な応答（Antwort）である。ただし、応答する神学自身の言葉ではなくて、神学がそれを聴いてそれに対して応答するところの《言葉》こそが、神学を神学たらしめるのである。自らの言葉に先立ち、自らをつくり、目覚めさせ、挑んでくる《言葉》とともに、神学は立ちもすれば倒れもするのである。神学の人間的な思考と語りが空疎で無内容で無駄なものとなってしまうのは、多少なりとも、あの《言葉》に応答する行為以外の何ものかであろうとする時である。」（『福音主義神学入門』より）

1　言葉はヴェールを脱ぎ、書き記され、語り伝えられる――「神の言葉」論

教会牧師から神学教授へ

バルトは『ローマ書』第二版を高く評価されたことによって、一九二一年秋からゲッティンゲン大学の教授に赴任します。神学の博士号を持っておらず、教授資格論文（ハビリタツィオン）も提出していない牧師が、神学教授に抜擢されるのは異例のことです。これによってバルトの課題は、牧師経験とむすびついた聖書研究から、アカデミズムの学問的な神学構築へと重点が変化してゆきます。

バルトは新任地ゲッティンゲン大学（一九二一―二五年）および次の赴任地ミュンスター大学（一九二五―三〇年）で「キリスト教講義[1]」や「キリスト教教義学の構想」や「倫理学」といった講義を行います。さらに新約聖書の講義も担当しています。[2]そしてそれらを土台として、次の赴任地ボン大学（一九三〇―三五年）において、キリスト教史上最大の書『教会教義学』を執筆し始めます。

1　この「キリスト教講義（Unterricht in der christlichen Religion）」は、十六世紀の宗教改革者カルヴァンの主著『キリスト教綱要』と、ドイツ語では全く同名の講義題目です。改革派神学の講座であったためです。

2　バルトはゲッティンゲン時代、教義学に関する講義のほかに、新約聖書（エフェソ、ヤコブ、第一コリント、第一ヨハネ）についても講義を担当しました。

『教会教義学』は一九三二年から刊行され始めました。それはヒトラーによる政権獲得（一九三三年）の前夜です。バルトはそれ以来、どれほどの混乱や動乱の時代の中であろうと「あたかも何ごとも起きなかったかのように」この著述を続けたのです。

この「あたかも何ごとも起きなかったかのように」という言葉は、「今日の神学的実存！」（一九三三年）というパンフレットに登場する言葉です。[3] バルトはこのパンフレットをヒトラーにも送りました。「あたかも何ごとも起きなかったかのように」という姿勢は――しばしば誤解されてきたように――政治や社会の混乱とは無縁な安全地帯に居座ることではありません。むしろそのような混乱の闇をつらぬいて照らし出すメッセージを聖書から聴きとり、それを証することによって、政治社会状況と対峙することに他なりませんでした。本章ではこの『教会教義学』の中心思想である「神の言葉」論（同書第一巻）を見てゆきます。

なお、巨大な『教会教義学』の他にも、バルトはコンパクトな『教義学要綱』（一九四七年）のような書物も著しています。それらも適宜参照することにします。[4] この『教義学要綱』は、『教会教義学』よりもずっと小規模で平易なので、バルト入門書としては良い書物の一つです。

弁証法神学から教義学へ

前章で見たように、一九二二年の「神学の課題としての神の言葉」において、バルトは「教義学的な道」と「批判的な道」の双方を超えてゆく第三の「弁証法的な道」を探究しました。しかし今や「教義学」こそが新たにバルトの中心となってくるのです。

バルトはなぜそのように変化したのでしょうか。バルトは「神について語らねばならない」と「神について語ることはできない」とのあいだの矛盾、「神の言葉」と「人間の言葉」とのあいだの断絶を新たに捉え直し、乗り越えていこうとするのです。それを端的に言えば、未知なる言葉がヴェールを脱ぎ↓人間によって書き記され↓人間によって語り継がれる、という三重のプロセスを解明することです。

さて神学という学問全体の中で、「教義学」という分野がどのような位置と役割を持っているかを説明しておきます。神学の内容については、様々な分類の仕方がありますが、おおまかに言って、

1 旧新約聖書の研究

2 教会の様々な教えを論じる組織神学

---

3 カール・バルト「今日の神学的実存」雨宮栄一訳、著作集第六巻、一九六九年、71—109頁＝Karl Barth, Theologische Existenz heute!, in: Theologische Existenz heute 1, München 1933.

4 カール・バルト『教義学要綱』井上良雄訳、著作集第一〇巻、一九六八年、1—200頁＝Karl Barth, Dogmatik im Grundriss. Vorlesungen gehalten im Sommersemester 1946 an der Universität Bonn, Zollikon 1947.

3 教会奉仕者の働きを論じる実践神学

4 キリスト教の歴史研究

といった具合に分類されます。

キリスト教会のメッセージ（宣教）が何に基づくのか、つまり「どこから」来るのかを明らかにするのが、1の聖書研究（釈義）です。次に教会が「何を」宣べ伝えるのかを体系（組織）的に明らかにするのが、2の組織神学です。この組織神学にほぼ該当するのがバルトの「教義学」です。さらにその宣教を「いかに」行うかを明らかにするのが、3の実践神学です。そしてこれらの諸研究を百科全書的に補佐するのが4の歴史研究（教会史・教義史）です。[5] このように、神学とは教会が「どこから・何を・いかに」語り伝えるかを検証する学問であり、その中核にある「何」を明らかにするのが教義学であると言えます。[6]

『教会教義学』の構成と第一巻の重要性

『教会教義学』（Die Kirchliche Dogmatik: 略称は KD）はドイツ語の原文で約九千頁、キリスト教史上最大の単著となりました。それは三十年以上にわたって書き続けられ、最終的に以下のような合計四巻に結実しました。

第一巻『序論』（KD I/1–I/2）　一九三二―三八年
第二巻『神論』（KD II/1–II/2）　一九四〇―四二年
第三巻『創造論』（KD III/1–III/4）　一九四五―五一年
第四巻『和解論』（KD IV/1–IV/4）　一九五三―六七年

第四巻はあと少しのところで未完成に終わりました。またその後に予定されていた第五巻『救贖〔救済〕論』（KD V）は書かれませんでした。

第一巻のタイトルは正確には「神の言葉についての教説――教会教義学への序論（プロレゴメナ）」というものです。この「序論」は単なる前置きではありません。『教会教義学』という書物の特徴は、ほとんどどの部分をとっても、そこで「全体」が視野におさめられているということです。とりわけ第一巻「プロ-レゴメナ（前もって-語られるべき事柄）」は、あらゆる問題を先取りして含む、全体の

5　この学科分類についてはバルト『教義学要綱』（前掲書10―11頁＝AaO, 12-13）を参考にしています。
6　『教会教義学』全体の冒頭の提題文において、バルトは教義学を次のように定義しています。「教義学は神学的科目として、キリスト教会に固有な神についての語りに関する、キリスト教会の学問的な自己検査である」（I/1,1）。

縮図なのです。プロレゴメナが論じる最も根本的な事柄（Sache）が、第二巻以降に展開されていくのです。

この最も根本的な事柄をバルトは「神の言葉（das Wort Gottes）」と名づけます。そして「神の言葉」論を形成する重要な柱が、三位一体論とキリスト論です。

教会と教義

この第一巻「序論」に基づいて、『教会教義学』という表題が含む「教会」と「教義」という二つの概念について、改めて説明しておきます。

まず「教会（Kirche）」とはどこの教会を指すのでしょうか？　地球上には様々なキリスト教の教会や教派が分布しています。地球人口の五分の一程度をなすキリスト教は、世界最大の信徒数を擁する宗教です。しかし、その巨大で多種多様なキリスト教会の源をたどれば、ナザレのイエスという歴史上の一人物の教えと生涯にたどり着きます。多種多様な教会は「キリストの体」（エフェソ一23）とも言われ、根源的には一体のものです。それが「教会教義学」の「教会」という言葉にこめられた真意です。

次に「教義」という言葉です。教義学とは教会の教えである教義（ドグマ）についての学問です。ドイツ語の単数形はDogma、複数形はDogmenです。教会の教えや思想は、古代から現代に至るまで多様な形に分化し発展を遂げてきました。しかしそれらはいずれもイエス・キリストに共通の根を持ち、それを把握しようとする試みですから、究極においては一つであるはずです。その意味でバルトは単数形の「教義（ドグマ）」という概念を用いるのです。

注意すべきことは、教義学が探究する「教義」とは、人が従うべき硬直した原理原則のようなものではないということです。そのような原理原則に人を従わせることは「教条主義（Dogmatismus）」と呼ばれます。教義学はそのような教条主義ではなく、人間に向かって自由に（frei）到来し、それによって人間を自由にする（befreien）、未知の大いなるメッセージを聴いて模写する営みなのです。とはいえ、そのメッセージは生き生きとし、唯一無比の捉えがたい「秘義」であるとも言われます。模写はそのつど不完全で暫定的なものであり、たえざる「批判と修正」を必要とするとバルトは言います（I/1, 298）。

啓示され、書かれ、宣べ伝えられる言葉

それでは、この未だ知られざる、いわば既存の世界の外側から語りかけてくる「それ以上大きなものが考えられない」メッセージを、どのようにして聴きとることができるのでしょうか？　バルトは、キリスト教史において支配的だった二つの方法に対して批判的です。

その一つは、啓蒙主義、およびそれに続く自由主義的なプロテスタンティズムです。それは宗教的

で敬虔な人間の意識や理性を重視する思想です。このような思想は――バルトが第一次世界大戦において見抜いたように――政治社会の支配的動向に対して無批判的に追従しやすい思想でした。

もう一つは、中世スコラ主義および十九世紀後半の第一バチカン公会議を引き継ぐローマ・カトリック教会の方法です。バルトはとりわけ「存在（Sein）」という概念によって神と人間を同一平面で捉えるカトリックの「存在の類比（*analogia entis*）」を批判しました。

ただし、この「存在の類比」の一点以外には、カトリックを拒否する真剣な理由がないともバルトは言っています（KD I/1, VIII）。バルトは宗教改革の伝統に棹差す神学者として、近代プロテスタンティズムとローマ・カトリシズムの双方と対峙しつつ、むしろ後者のほうに近かったとさえ言えるかもしれません。バルトとカトリックとの関係については後ほど第四章でも言及します。

いずれにせよバルトは、そのようなキリスト教世界の伝統的な両派とは異なった仕方で、聖書の未知のメッセージをあらためて聴きとろうとするのです。その未知のメッセージをバルトは端的に「神の言葉（das Wort Gottes）」と名づけます。

興味深いことに、この「言葉」は「様々な言葉 Wörter」という複数形ではなくて、単数形の言葉 Wort です。つまりこの言葉は、あれやこれやの種々雑多なメッセージではなく、一つのまとまりを持ったメッセージなのです。なぜか？　それはイエス・キリストという一人物が体現する、代替不可能で一回的なメッセージだからです。

一つでありつつ、その内容はじつに豊かです。それは百人に百通りの仕方で届きます。そのメッセージは「福音」と言われます。あるいは「恩恵」とも言われます。有名な賛美歌の題を借りて「驚くべき恵み（アメージング・グレース）」と言ってもよいでしょう。キリスト教会はこのイエス・キリストが体現するメッセージ＝「言葉」を語り伝えることを使命としています。そのために、それを絶えず点検し修正する教義学が必要となるわけです。

聖書をひもとけば、「言葉」が終始一貫して重要なモチーフであることがわかります。旧約聖書の冒頭で、神ヤハウェは言葉で語りかけることによって天地を創造します。さらにその被造世界の中からイスラエル民族を選び、姿は現さずとも言葉による語りかけによって、民を導きます。さらに新約聖書は「言葉（ロゴス）は肉となって、私たちのあいだに宿った」（ヨハネ一14）と言います。つまり旧約の神は「言葉」＝イエス・キリストという具体的なメッセージをもって、己自身をこの世界のただ中に贈り与えたということです。

さて、キリストを語り伝えるキリスト教会の活動は、聖書という書き記された言葉に基づきます。そしてこの書き記された言葉は、古代中東の小さな民族に向かって啓示された言葉に遡ります。このような意味で、バルトは「神の言葉」が、1 教会において・2 聖書において・3 啓示において、いわば三重の姿をとって人間に出会うと考えます。つまり

1「宣べ伝えられた言葉」
2「書かれた言葉」
3「啓示された言葉」

という三重の形態です（I/1, 89ff）。これを歴史的な存在根拠から見ると、3→2→1の順になります。まず初めに3「啓示された言葉」があり、それを受信した人間によって2「書かれた言葉」（聖書）が生まれ、その「書かれた言葉」に基づいて1「宣べ伝えられた言葉」（教会の宣教）が生まれるからです。

この三重の形態は、三者の一体性をあらわすと同時に、一体性をもつ三者をあらわします。つまりそれは、いわゆる「三位一体」の先取り、「唯一のアナロギア（類比）」を成しているのです（KD I/1, 224f）。三位一体については、本章第2節で改めて詳しく論じることにします。

また、啓示（revelation）とは未知のヴェール（veil）に包まれていた者が、己の「ヴェールを-ぬいで」（ラテン語の*re-velare*; 英語のre-veal）姿を現すことです。未知の大いなるものが自らの存在を明らかにすることです。ただしそれは、未知なるものがその一部分だけを氷山の一角のように明らかにすることではありません。全体を余すところなく明らかに現すことだとバルトは考えるのです。

聖書は「神の言葉」か？

バルトのこのような考えに従えば、聖書という一冊の書かれた書物それ自体は「神の言葉」と直ちに同一ではありません。聖書は、古代キリスト教会が様々な文書の中から取捨選択して形成したものです。この聖書正典は、キリスト教の長い歴史を経て、安定した価値を持っているとはいえ、教会の承認や不承認を通して、変更される可能性もあります（I/2, 527）。

バルトによれば、そのように人間が書き残した有限なテキストが、それ自身を超える大いなる何かを指し示す証言となるということが、決定的に重要であり、正典の正典たるゆえんです。証言は、その証言が指し示すものによってこそ生かされ、価値を与えられるからです。[7] バルトによれば、聖書が「神の言葉」へと結びつけられているのであって、その逆に「神の言葉」が聖書へと結びつけられているのではありません（KD I/2, 569）。

聖書は直ちに「神の言葉」と同一であるのではなく、「神の言葉」に「成る（werden）」のだとバルトは考えます。つまり「神」と呼ばれる聖書の主人公が、書かれたテキストを通して、全く自由に愛に満ちて語りかけてくる時、聖書は初めて「神の言葉」へと「生成する」のです。それはあまりにも

7　それゆえにバルトによれば、聖書の中に人間性だけを見出して神性を見過ごすことは、聖書に内在した解釈とは言えません。また逆に、神性だけを見出して人間性を見過ごすことも、聖書に内在した解釈とは言えません。

生き生きとしており、おどろくべき自由と愛に満ちた言葉であるために、人間はそれを絶えず聴き損なったり捉え損なったりするのです。[8] この自由と愛というテーマについては、第三章「未来は自由と愛に満ちている——バルト神学の展開」で改めて論じることにしましょう。

聖書に登場する証人たち（ツォイゲン：Zeugen）は、それがモーセのような預言者であれ、洗礼者ヨハネであれ、パウロのような使徒であれ、自分自身を超えた対象を指し示します。証言（ツォイクニス：Zeugnis）とは「ある一定の方向に向かって、自分自身を超えて、他のものを指し示すこと」です。証言とは、自分を超えた他者に仕えることです。このような「奉仕」こそが聖書に登場する預言者や使徒の本質であるとバルトは言います（I/1, 114）。

その証言はどのようにして権威を持つのでしょうか？　それは、証人が「自分自身のために何の権威も要求しない」ということ、その証言が、自らにとって絶対的に他なるものそれ自体を指し示しつつ、自らが消失点となることによってです。そのような証人のモデルは、旧約と新約のあいだ、また預言者と使徒のあいだに位置する洗礼者ヨハネです。ヨハネはキリストの証人として「あの方は栄え、私は衰えねばならない」と語ります（ヨハネ三30）。この言葉こそ、バルトが重んじたあのグリューネヴァルトの磔刑図にも書かれている言葉です。[9]

こうした証言の特徴をふまえるならば、聖書の証言をその証言対象（das Bezeugte）そのものと直ちに同一視することは、かえって聖書自体に「悪しき歓迎されない栄誉」を帰すことだとバルトは言います（I/1, 115）。一字一句を何も吟味せず崇拝する聖書原理主義が認められない所以です。

2 世界は贈り与えられ、修復され、完成される――三位一体論

父・子・聖霊の三位一体

前節では「神の言葉」の三重の形態――啓示された言葉・書かれた言葉・宣べ伝えられた言葉――を見てきました。三重の言葉は一体性をなしています。それは三にして一、一にして三という「三位一体」の先取り、類比をなしているのです。そこで本節ではバルトの「三位一体」論（KD I/1, §§8-

8　バルトによれば、この生成の出来事は、人間が先取りすることができず、ただ神の自由と愛に基づく出来事です。この出来事によって初めて、人間の側から神について語ることが可能になります。不完全な人間の言葉が、神の手によって用いられて初めて、神を証言するものとなります。神は「自らが条件づけられることなく、全てを条件づける条件」です（I/1, 122）。啓示はいかなる条件の下にもありません。啓示とは「恩恵の自由」とも言われます（AaO, 120）。啓示を超えてそれを根拠づけるような他の高次のものは存在しません。啓示は聖書に先立ちます。啓示は聖書を産出し（erzeugen）、聖書は啓示を証言する（bezeugen）とバルトは言います（AaO, 117）。

9　第一章3節を参照。

12）へと論を進めましょう。

前節で見たように、啓示とは未知のヴェールに包まれていた大いなるものが自らのヴェールを脱ぐことです。バルトはそのことを「主なる神は己を啓示する（Gott offenbart sich als der Herr）」（KD I/1, 323）と言い表します。

このきわめてシンプルな命題こそ、三位一体論の要約に他なりません。本来いかなる姿かたちにもおさまらない、それ以上大いなるものが考えられない神（父）が、ある特定の姿（子）となって己を完全に現し、己自身をまるごと人間に伝える（聖霊によって）――これが父・子・聖霊という神の三位一体です。[10]

聖書の神は「三つの存在様式（drei Seinsweisen）」を持つ一者です。それゆえに、一者でありながら孤高の単独者ではありません。三つの存在様式、あるいは位格（*persona*）が――その語源から推しはかれば、互いに響きあう（*sonare*）ように――交流しあい浸透しあいながら、固有性を保っているのです。古代教会はこれを「一なる本質と三つの位格（*una substantia, tres personae*）」と表現しました。

もっとも「位格（パーソン）」という言葉を用いると、どうしても人間の人格を連想してしまいます。じっさいキリスト教美術の中には、三位一体を三人の小人のように描く絵画もありました。このような擬人化の誤解を避けるためにバルトは「存在様式（Seinsweise）」という表現を用いています。[11]

世界の起源・道筋・目標

また少し観方を変えると、「三位一体」とは聖書が描く「歴史」——過去・現在・未来——に即したものということもできます。この点に関して、バルトの『教義学要綱』の説明を参照してみましょう。

バルトによれば、聖書は永遠の超越神や不動の真理を説く「哲学書」ではなく、「歴史書」です。[12] それも、ただ単に出来事を年表のように報告する歴史書ではありません。もちろん様々な史実や年月も記されています。しかしそれにとどまらず、人間が「どこから」やって来て、どのような「道」

10　バルトによれば、「あの時・あそこで」起きたキリストの啓示の客観的な側面を論じるのがキリスト論（KD I/2, §§13-16）です。そして「今・ここで」起きる啓示の主観的な側面を論じるのが聖霊論（KD I/2, §§17-23）です。

11　バルトによれば三位一体論の重要な役割は、「従属論」と「様態論」という二つの理論を退けることです（KD I/1, 401ff）。従属論（Subordinatianismus）は、キリストが神的なものでありつつ、神には劣る——従属（*subordinatio*）する——とみなす理論です。様態論（Modalismus）は、キリストが神の一種の現象様式（*modus*）にすぎないとみなす理論です。バルトによれば、これら双方の理論とも聖書の啓示理解を損なうものです。

12　バルトは『教義学要綱』において、「この世を超えた、疎遠で、最高の本質の名」である哲学的な「神」と、「活きて、行動し、働き、自らを知らしめる主体の名」である聖書の「神」を区別します。バルトによれば聖書は「哲学書」ではなく「歴史書」です。つまり「神がそれによって私たちにとって認識しうるものとなる、神の大いなる行為の書物」だというのです。（『教義学要綱』著作集第一〇巻、44頁 = Dogmatik im Grundriss, 43）

を歩み、その道が「どこへ」向かうのか、つまり世界の起源（1）と道筋（2）と目標（3）を問う、ある独特の歴史書なのです。[13]

1 旧約聖書の神ヤハウェは、被造世界の中から中東地方のイスラエルという一民族をパートナーとして選び、自らのヴェールをぬいで語りかけます。

2 神ヤハウェはさらに、自分自身がこの民族の中の一人の赤子となり、民草と共に生きて、苦しみを担い、殺されるところまで、自らを与え尽くします。

3 この自由で愛に満ちた贈与は、イスラエル民族から発して、民族の壁を越えて、将来全世界にとっての救いとなることが預言されます。

つまりこの歴史は、1 世界が愛をもって善きものとして贈り与えられ（創造され）、2 その恩恵に対する人間のいかなる忘却、背反、棄損にもかかわらず修復され（和解させられ）、3 やがて真の意味で善きものへと完成される（救い贖われる）という歴史です。すなわち、1 創造（Schöpfung）、2 和解（Versöhnung）、3 救贖（Erlösung）という三つの契機が、一貫した歴史をなしているのです。

このような筋道をもった歴史は、混乱に満ちた世界史の表層からは見えてきません。目に見える「いわゆる歴史」の表面からは隠された真の歴史、「本来の歴史」こそが、この三位一体の神の歴史であるとバルトは考えます。[14] その意味で、父・子・聖霊の三項の全体は、「人間にとって絶対に新しい、私たちには到達できない不可解な本質と業について語っている」とバルトは言います。[15] 以上をまとめれば、三位一体は以下のような三項から成り立ちます。

1「どこから」という人間の起源をあらわす、父なる創造者
2 人間が歩む「道」をあらわす、子なるキリスト
3「どこへ」という目標をあらわす、人間に宿り導きをもたらす聖霊

聖書の翻訳と解釈としての三位一体

さて「三位一体」という言葉それ自体は、聖書に登場しません。それが用いられるようになったのは、聖書の諸文書が書かれてから後の古代教会においてです。例えば四世紀に書かれたニカイア・コンスタンティノポリス信条（三八一年）は、三位一体を表現した古典的な信仰の梗概です。バルトに

13 前掲書45頁＝AaO, 44を参照。
14 第一章3節でもふれたように、「いわゆる歴史」と「本来の歴史」との対比は『ローマ書』第一版の特色ですが、後の『教会教義学』においては、この考え方が三位一体論的に捉え直されます。
15 前掲書18頁＝AaO, 19.

よれば三位一体という概念は、聖書の証言を「翻訳して解釈する」上で有益な概念なのです。三位一体の教義は、それが「聖書の適切な解釈」であるがゆえに――またあくまでその限りにおいて――真実であるとバルトは考えます（I/1, 327）。

バルトは『教義学要綱』の中で次のように述べています。

ニカイア・コンスタンティノポリス信条は聖書に立脚していないと言われてきた。しかし、真実であり、必要であり、認識されねばならぬさらに多くのことが、言葉通りには聖書に書かれていない。聖書はカード整理箱ではない。聖書は神の大いなる記録なのである。この啓示は、私たち自身が把握することを目指して、私たちに向かって語りかける。聖書の中で言われたことに対して、教会はあらゆる時代に答えを与えねばならなかった。教会は、ギリシャ語あるいはヘブル語以外の言語で、そしてそこに書かれているのとは別の言葉で、答えねばならなかったのである。[16]

つまり、もともとヘブル語やギリシャ語で書かれた古代の聖書を伝えるためには、人はその内容をそれぞれの時代や文化に特有な言葉へと翻訳して解釈する労苦を避けられません。神学という学もまた、そのような翻訳と解釈の営みです。しかしその神学は、原典である「書かれた言葉」、さらにその「書かれた言葉」に先立つ「啓示された言葉」に基づいて、初めて成り立つのです。

なお付け加えておきますが、バルトは三位一体論によって聖書の神を何もかも解明し尽くせるなどとは考えていません。三位一体論は、神の秘義を解体するものではなく、言い表そうとする一つの試みです。神学はこの秘義をできるかぎり解明しようとしますが、この努力はつねに繰り返し、この秘義の見通し難さに行き当たることをバルトは自覚していました。

3　時間の中に永遠が宿る——キリスト論

キリストへの集中

本節では、序論（KD I）に含まれた、三位一体論と並ぶもう一つの重要な教説であるキリスト論を見てゆきます。このキリスト論は『教会教義学』全体を通して展開されていく重要なテーマなので、本節においては序論（KD I）以降の箇所も併せて見てゆくことにします。

「イエス・キリストとは何者であった̇か̇？（Who *was* Jesus Christ?）」と問えば、それは過去に存在し

16　前掲書105頁＝AaO, 100.

た歴史上の人物についての問いです。しかしそれにとどまらず「イエス・キリストは今日私たちにとって何者であるか？（Who *is* Jesus Christ *for us today?*）」という問いも生じます。なぜならば、二千年の時を超えてイエスが現代人に何ごとかを語りかけ、働きかけずにはおかないからです。聖書というテキスト、さらに聖書の中心人物であるイエス・キリストは、汲み尽くせないほど深いメッセージ、いわば未知の言葉を私たちに向かって発し続けてやみません。この「イエス・キリストとは何者であるか？」という問題を考えるのが教義学の中の「キリスト論」と呼ばれる分野です。

教義学はキリスト論以外にも様々な分野を含んでいます。バルトの『教会教義学』の大きな構成は、序論（KD I）・神論（KD II）・創造論（KD III）・和解論（KD IV）、そして未着手に終わった終末論（KD V：救贖論）となっています。バルトにとっては、キリスト論はこれらの様々な分野をつらぬく、教義学の全体を支える重要分野なのです。バルトは、聖書がそのあらゆる多様な内容をつらぬいて、究極的には「ただ一つのこと」を語っていると言います。そのただ一つのこととは「イエス・キリストという名前」だと言うのです（KD I/2, 807f）。

本章第1節で見た、神の言葉の三重の形態（啓示された言葉・書かれた言葉・宣教された言葉）を振り返ってみましょう。この三重の形態は、神が自らを啓示するために選んだ三つの媒介であると言えます。そしてその三つをキリストとの関連から改めて捉えると、次のようになります。

1キリストにおいて神が人となること
2キリストについての証言である聖書
3キリストを教会が宣べ伝えること

それゆえにバルトにとって、三重の「神の言葉」の根本形態は、イエス・キリストそのものなのです。キリスト教神学全体がキリストという「神の言葉」についての教説であるとも言えます。バルトの叙述のどの部分をとっても、そこではキリスト論が中心的な役割を占めているのです。それゆえにバルト神学の重要な特徴は「キリスト中心的（christozentrisch）」であること、あるいは「キリスト論的集中（christologische Konzentration）」と言われます。

イエスからキリストへ

イエス・キリストは、「イエス」という人名と「キリスト」という称号が合わさったものです。バルトによれば、それはイエスからキリストへと向かう「道」であると言います。確かに、イエスはヨハネ福音書で「私は道であり、真理であり、いのちである」と言っています（ヨハネ一四6）。「イエス」（ギリシャ語のイエースース）という固有名は、ヘブル語ではヨシュアという人名にあたります。この名前は「ヤハウェ（イスラエルの神名）は助け給う」という意味を持っています。

「キリスト」（ギリシャ語のクリストス）は、「油を注がれて聖別された者」を意味する「メシア」（救世主）というヘブル語をギリシャ語に訳したものです。メシアとは、イスラエルに出自を持ち、困窮と圧制の下に苦しむ民を救出し、さらにイスラエル以外の諸民族にも平和（ヘブル語のシャーローム）の支配をもたらす人物を意味します。メシアとは、これまでの歴史において隠されてきた神の救いと栄光を現す、イスラエル民族が待望する救世主なのです。

したがって、イエス・キリストという二語の結合には、一つの歴史、道が示されていると言えます。イエスというユダヤ的な名前を持つ一人物、つまりイスラエル民族という世界史の一隅に現れた人物から、その外側にあるギリシャ語圏の世界に向かって、ひいては全世界に向かって、道が拓かれてゆくのです。[17]

ここでもう一度、三位一体論をふり返ってみましょう。

1「どこから」という人間の起源をあらわす、父なる創造者
2 人間が歩む「道」をあらわす、子なるキリスト
3「どこへ」という目標をあらわす、人間に宿り導きをもたらす聖霊

バルトによれば、キリストという第二項を中心として初めて、それに先立つ第一項の創造について、

さらに第三項の目標についても、その真意を理解できるようになります。中心をなす第二項の「道」から見て初めて、その「起源」である第一項と、その「目標」である第三項も、理解されうるとバルトは考えるのです。

それとは違って、もし第一項あるいは第三項だけに注目すれば、三位一体を捉え損ないます。第一項の創造者だけに注目すれば、人間のあずかり知らぬどこか高みにいる、万物を創造して支配する絶対的な超越者しか見えません。また第三項だけに注目すれば、人間の内側に宿る霊的あるいは神秘的な体験しか見えません。

この第一項と第二項の関係は、一九三〇年代前半に自然神学論争と呼ばれる大きな論争の火種となりました。バルトによれば、第二項――神がキリストを通して人間に何をなしたか――が明らかになった時だけ、第一項――神の天地創造――を認識しうるというのです。絶えずあらかじめ第二項から第一項をふり返ることによってこそ、第一項は理解されるのです。つまり創造は、キリストによってもたらされる神人の和解から初めてその真意を理解できるということです。神がキリストにおいて人となったことによって、神が創造主であることも真にあらわになり、信ずべきこととなったというのです。そのような意味でバルトは、天地（自然）や人間のみを観察して、そこから神の存在を推論し

17 『教義学要綱』第一〇―一一節を参照。前掲書78―107頁＝AaO, 75-95.

認識しようとする「自然神学」を否定しました。これは特に、同時代の神学者エミール・ブルンナー（Emil Brunner, 1889-1966）とのいわゆる「自然神学論争」において、バルトがとった立場でした。

イエスは人と共にある

イエスは何か異常な能力を持つ超人、特別な霊感を持った人であるからキリスト（メシア）と崇められるのではありません。イエスは何よりも、徹頭徹尾「人間」であることによってこそキリストになるとバルトは考えます。人間とは、この世に生まれて、苦しみ、そして死んでゆく存在そのものです。

マタイ福音書やルカ福音書によれば、イエスの苦難は家畜小屋における誕生から始まっています。そのように苦難に始まり苦難（受難）へと向かうイエスの生涯について、バルトは『教義学要綱』の中でこう述べています。

この人は、その生涯を通して迫害される者であり続け、家族の中ではよそ者――何と感情を害する言葉を彼は語ることだろう――民族の中でもよそ者、国家と教会と文化の領域でもよそ者であり続ける。そして何という明白な失敗の道を彼は歩むことだろう。彼は、人々の間で、その民族の指導者たちに対して、また民衆に対して、それればかりか弟子たちの群れの中で、どんなに完全に孤独であることだろう。またどんなに反対されていることだろう。彼はこの小さな群れの中に裏切り者を見つける（中略）。イエスの生涯全体はこの孤独の中、すでに十字架の陰の下にあるのだ。[18]

それゆえにイエスの生涯は「苦難（Passion）」の一語に集約されるとバルトは言います。キリストが「苦しみを受けた」という言葉は確かに、古代に書かれたキリスト教信仰の要諦とも言うべき「使徒信条」において、キリストの全生涯を言い表す言葉です。

イエス・キリストはまたヘブル語で「インマヌエル（*immanuel*：神が私たちと共におられる）」とも呼ばれます（イザヤ書七14、マタイ一23）。バルトによれば、この名こそが聖書の証言の核心です（KD I/1, 110; IV/1, 3）。旧約（旧い契約）と新約（新しい契約）をつらぬく神と人の契約とは、「インマヌエル」――神が人と共にあること――だとバルトは考えます。[19] 契約は天地創造が向かう目標であるとも言います（KD III/1, 262）。

18　前掲書127頁＝AaO, 121.

19　この契約は、旧約聖書においてはノアの契約（創世記九章）、シナイ山の契約（出エジプト記一九章）、エレミヤ書三一31―34の「新しい契約」、そして新約聖書におけるキリストにおける契約成就へとつながっています。

「神が人と共にある」――これは、永遠なる超越者が有限の世界の中へと入り来ることです。バルトは「言葉が肉となった」（ヨハネ一14）という聖書の表現を「永遠が時となった」とも言い換えます（KD II/1, 685-764）。聖書は通常の歴史書とは異なる意味での歴史書であるということをすでに前節で論じました。例えば、聖書が永遠なる神について語りながら、神の働きに年月をつけることを恥じないことにバルトは注目します。聖書におけるこの独特の、永遠と時間の結びつきは、西欧の時間理解において特徴的であった「永遠と時間の間の対立というバビロン捕囚」からの解放をもたらすものだとバルトは考えます（KD II/1, 689）。そして永遠と時間が深く結びつく決定的な点、「時の中心」こそ「インマヌエル」と呼ばれるキリスト・イエスだと言うのです。

「永遠が時となった」ということ、永遠の神が有限の人となったということが、どれほど未曾有のことであり、どれほど言語に絶する秘義であるかをバルトは強調してやみません。それよりも大いなるものが考えられないもの、永遠にして不死なるものが、卑小で死すべき人間となることは、人間が経験するどのような墜落――挫折や苦難――よりも深い下降に他なりません。永遠なる者が死すべき者へと下り、死すべき者たちと運命を共にし連帯するということは、これ以上の自己放棄があり得ない無限の自己放棄、自己贈与です。それは、これ以上はあり得ない、最大の自由と愛の発露でもあるのです。

選びの教説

キリスト論は『教会教義学』の中で形を変えて繰り返し論じられます。なかでも第二巻「神論」（KD II）に含まれた「選びの教説」（KD II/2, 1942）は重要です。永遠の神が卑小な人間を共に歩むパートナーとして「選ぶ」ことは「語られ聴かれうる最良のもの」、「福音の総体」であるとバルトは言います。それは神が自由な愛をもって、人間存在をまるごとパートナーに「選んだ」ということに他なりません。

この「選び」は、他ならぬキリストにおいてこそ決定的に現れています。バルトによれば、イエス・キリストは「選ぶ神」（II/2, 111）であると同時に「選ばれた人間」（AaO, 124）なのです。神は人間への連帯を「選ぶ」と同時に、己自身に対しては「遺棄（Verwerfung）」を引き受けたというのです（AaO, 179）。

宗教改革の伝統的な予定説は――ルターであれカルヴァンであれ――神がどの人間を救いへと定め、どの人間を遺棄するか、という関心にとらわれがちでした。とりわけカルヴァンの『ジュネーヴ信仰問答』（一五三七年）や『キリスト教綱要』（一五五九年）にはそのような思弁が見られます。カルヴァンは信仰者と非信仰者がなぜ分かれるのかを問い、神によってある人々には永遠の命が定められ、他の人々には永遠の呪詛が前もって定められていると考えたのです。[20]

バルトはこのようないわゆる「二重予定（*praedestinatio gemina*）」説を退けます。それはイエス・キリストという一点に集中することによってです。バルトによれば、神はこのキリストにおいて、人間が受けるべき呪詛と棄却を担い、人間を神の栄光に与ることへと選びとりました。これこそが神の「具体的な決定（*decretum concretum*）」であり、「福音の全体、福音そのもの（das *ganze Evangelium*, das Evangelium *in nuce*）」だというのです（KD II/2, 13）。イエスは選ぶ神であり選ばれた人間であって、他のあらゆる人間を代表する者であると同時に、代理的に遺棄された人間なのです。「人間が勝つために、神は敗北せんと欲する（*Gott will verlieren, damit der Mensch gewinne.*）」とバルトは言います（KD II/2, 177）。

この一点において、選びが遺棄に打ち克ち、いのちの結びつきが死への切り捨てに勝利します。これこそが、十字架につけられたイエスが復活したという聖書の伝承が現すメッセージであり、「神が人と共にいます」というメッセージなのです。

和解論——伝統的キリスト論の再構築

キリスト論について重要な考えを展開している、より後年の『教会教義学』第四巻「和解論」（KD IV, 1953-1967）も紹介しておきましょう。この第四巻「和解論」全体が、伝統的キリスト論を再構成する、包括的で大規模なキリスト論となっています。

旧約聖書の描く古代イスラエルに、バルトは三重の務めを見出しています。それは預言者・祭司・王という務めです。まず「預言者」とは、神の言葉を聴いて宣べ伝える役割です。次に「祭司」とは、神が単に語っただけでなく身を低くして民のために身を捧げ給うたということを祭儀によって証する役割です。最後に「王」とは、政治的な権力闘争や覇権争いとは異なる、真の平和（ヘブル語のシャーローム）の支配を告げ知らせる役割です。

古代イスラエル民族に託されたこの三重の務めは、この民の中からイエスが生まれ出て、その務めをわが身に引き受けることによって成就されるのです。それがキリストの三重の働き、すなわち預言者・祭司・王という務めです。バルトはこれを『教会教義学』の第四巻において詳細に論じます。キリストは「祭司として苦難を受け、王として支配し、預言者として自己を啓示する」（IV/3, 71f）とバルトは言います。

バルトのキリスト論の独特な点は、「預言者」という職務を「祭司」と「王」という二つの職務を統一するものと解釈することです。預言者キリストは、「インマヌエル（神が私たちと共におられる）」

20　ジャン・カルヴァン『キリスト教綱要』III/2、渡辺信夫訳、新教出版社、一九六四年、第二一章「永遠の選びについて．神はこれによって　あるものを救いに　あるものを滅びに　予定したもう」（185―198頁）。

という出来事の「真の証者」だと言います。神の人への連帯、和解という出来事は、人間の側のあらゆる努力や創意工夫に関わりなく、向こうから告げ知らされる真理、いわば到来するメッセージです。キリストはわが身を通して、全世界に向かってこの真理を証する預言者なのです。

古代教会以来、様々なキリスト論が展開されてきました。今説明したキリストの三重の職務――祭司と王と預言者――のほかにも、キリストの位格についての教説、さらにキリストの身分についての教説がありました。キリストの位格（ペルソナ）についての教説は、キリストの神性と人性の関係――「真の神、真の人（*vere Deus, vere homo*）」――を語ってきました。[21] キリストの身分（ドイツ語で Stand、ラテン語で *status*）についての教説は、「降下の身分（*status exinanitionis*）」と「高挙の身分（*status exaltationis*）」という二つの身分を語ってきました。

バルトは『教会教義学』の和解論において、これら三つの教説を新たに統合します。キリストの存在と行為の全体像を捉えるために、バルトの「和解論」のキリスト論は――二千頁以上の精緻な記述を通して――左記の表のような三部構成（IV/1、IV/2、IV/3）を成しています。

	KD IV/1	KD IV/2	KD IV/3
キリストの位格（ペルソナ）	僕としての主	主としての僕	真の証者

キリストの職務	祭司	王	預言者
キリストの道／身分	異郷へ赴く神の子の道＝降下の身分	人の子の帰郷＝高挙の身分	いのちの光＝両身分の統一

この見取り図[22]が示すように、キリストは「主」であると同時に「僕」です。言い換えれば人へと

21　四世紀に「三位一体論」を確立したのがニカイア・コンスタンティノポリス信条でした。これに続いて、五世紀にキリスト論を確立したのがカルケドン信条です。カルケドンによれば、イエス・キリストは「真の神であり真の人」です。キリストにおける神と人の統一は「混淆せられず、変更せられず、分割せられず、分離せられず」と表現されます。この表現が退けるのは、まず仮現論です。仮現論によれば、神はただ外見的に人となったのであり、キリストの真の人性を根本的に持ってはいません。さらに退けられるのは、神／人を分離し、キリストを単に一人の優れた人間、被造物と見なす考え方です。ここにはキリストの真の神性が欠けています。古代教会が確立した信条は、信条によって合理的にことを解決して秘義を取り除こうとするのではなく、秘義を秘義そのものとして見ることだとバルトは考えます。「他のすべての試みは、この秘義を人間的な理解能力の中に解消してしまう」とバルトは言います（前掲書114頁＝AaO, 120）。

22　この表は、ユンゲルによるバルト『教会教義学』第四巻の見取り図に基づきます。ユンゲルの見取り図はさらに罪論、救済論、聖霊論、倫理学を含む、より詳細で大きなものです。Eberhard Jüngel, Barth-Studien, Zürich-Köln 1982, 55.

「降下」する神であると同時に、神へと「高挙」される人でもあります（IV/3, 45）。祭司としてのキリストは「降下の身分」にある「僕としての主」です。王としてのキリストは「高挙の身分」にある「主としての僕」です。前者は上から下へ、或いは生から死へと下ってゆきます。後者は下から上へ、或いは死から生へと上ってゆきます。この下降と上昇は、キリストの存在と行為の全体を現す二つの側面です。この二つの側面は、受動的な受苦（passion）の面と、能動的な行動（action）の面であるとも言えます。

キリストは低く下る「僕」であることを通してのみ、高く上る「主」であることを実現します。自らのいのちを失うことによってのみ、真のいのちを実現します（マルコ八35）。十字架の死へと下って、初めて復活のいのちへと高められます。有限ないのちを通過して初めて、永遠のいのちへと至ります。この逆説的な運動、つまり「生から死へ、死から生へ」という運動が、キリストを特徴づけているのです。

第三章

未来は自由と愛に満ちている

——バルト神学の展開

「私は、一人一人のキリスト者が、その信仰によって、次の事実を明らかに知ってくれることを願う。すなわち、その人の信仰が住み心地のよい蝸牛の殻であって、しかも、その信仰が、自分の同胞の生活を顧慮せぬ信仰である限りは——したがって、そのキリスト者が二元論の中に生きている限りは、彼はまだ本当に信仰していないのである。そのような蝸牛の殻は、何ら好ましい宿り家ではない。それは、住み良い場所ではない。人間は、一つの全体であって、ただそのような全体としてだけ、存在することができるのである。」(『教義学要綱』より)

1　聖書の神は「自由に愛する」神である

前章では『教会教義学』全体の柱とも言うべき「神の言葉」論、三位一体論、キリスト論を論じました。本章では『教会教義学』第二巻（KD II）「神論」に注目し、神の「自由（Freiheit）」と「愛（Liebe）」という最も重要な特性に注目してみます。さらにそこから触発されて生まれる人間の「自由」と「愛」ということに注目してみます。

第一次世界大戦以来のバルトの歩みをたどると、それは国家の力とも資本の力とも異なるものを探究する歩みであったと言えます。バルトは国家の力と富（マモン）の力を「主なき権力（herrenlose Gewalten）」と呼んでいます。[1]「主（Herr）」なき権力とは、際限なく増殖し続ける力、自己目的化した力のことです。

バルトは、そのような「主なき権力」である国家と資本の力とは異なる、いわば第三の力を聖書

1　『教会教義学』IV/4によれば、「主を失った権力」とは、自らを超える力を認めず、無制限な自己正当化、自己拡大、自己増殖を図る、様々な「絶対主義」のことです。バルトはこのような「主を失った権力」として大きく四種類のものの、すなわち「政治的絶対主義」と「マモン」、「イデオロギー」と「地霊的なもの」を挙げていますが、ここでは最初の二つに注目することにします。

の中に見出したと言えるでしょう。それが聖書の語り伝える神の「自由な愛」、あるいは「愛の自由」です。武力（軍事力）とも経済力（金の力）とも異なる力が、この自由と愛の融合した力だと言ってもよいでしょう。[2]それは力をもって力を抑止する対抗勢力ではありません。力の衝突そのものを超える新しい何か、私たちのところへと到来する新しい価値観です。それは、力ずくではない柔軟で新しい生き方であり、既存の社会を変革するヴィジョンです。

バルトは旧新約聖書の神の最も重要な特徴を「自由」と「愛」という二つの概念によって捉えます。神は「それ以上偉大なものが考えられないもの」です。そして「それ以上偉大なものが考えられないもの」とは、自由と愛に満ちあふれた存在であると言えるでしょう。

ではなぜ「自由」と「愛」なのでしょうか？　バルトはイエス・キリストを神認識の決定的な「前提と基準」（KD II/1, 360）とします。神は自由に、つまり何ものにも強制されることなく、世界を無から創造して、己のパートナーとして大切にします。そしてこの自由と愛は、一般的な道徳的原理ではなく、キリストという人物においてこそ具体的に現れ、語りかけ、働きかけてくるものです。[3]

まず「自由」とは、文字通りにとれば「自らに由る」こと、つまり他の何ものにも拠らないこと、何ものにも隷従しないことです。『神論』（KD II）の最初の重要なテーゼは「神はただ神によってのみ〔神を通してのみ〕認識される（Gott wird nur durch Gott erkannt.）」（KD II/1, 200）というものです。バルトによれば、人間はどれほど思索や努力を積み重ねても、その積み重ねによって神を知ることはできません。神が全く自発的に自らの存在を人間へと伝える時に初めて、人間は聖書の描く神の神たる所以を知り始めるのです。

次に「愛」とは、独りではおらず他者と共に生きることです。神は自由に独立自存しているだけでなく、実はすでに、それ自身の内に愛を実現しています。それは、前章で見た父・子・聖霊という三位格の交わりです。三つの位格のいずれも個性を保ちながら、互いに関係し浸透しあいます。神はさらに、そのような愛を自らの内部にとどまらせず、外側へと向かって実現します。それは、神が自らとは異なる世界を創造し、その被造世界に対して自らを告げ知らせ、その世界と共生することです。愛は、共に生きるパートナーの最良の可能性、最善の未来を見出します。つまり創造者のパートナーである被造物は、善きものとして贈り与えられ（創造）、いかなる棄損や自傷にもかかわらずそれを修復され（和解）、最善の姿に向かって導かれるのです（救贖）。

2　柄谷行人『憲法の無意識』「贈与の力」（118―133頁）を参照。

3　バルトはこう言います。「私たちは愛とは何か、自由とは何かを知りません。ただ神が慈愛であり、神が自由なのです。愛とは何であるのか、自由とは何であるのかを、私たちはこの神から学ばねばなりません。この主語の述語として、『神は自由なる愛の神である』と言いうるのです」（『教義学要綱』著作集第一〇巻、45頁 = Dogmatik im Grundriss, 45）。

このような「自由」と「愛」の一体性こそが、旧新約聖書の描く神の代表的な二大属性であるとバルトは考えます。もちろん聖書が描く神の多種多様な属性は、この「自由」と「愛」以外にも、様々な仕方で言い表されます。神は「永遠である」、「恵み深い」、「憐れみ深い」、「聖である」、「公正である」、「知恵に満ちている」「忍耐深い」……等々、多くの性質を数え上げることができます。バルトは「自由」と「愛」こそ、それらの多様な属性を代表し統合するものと考えているのです。[4]

この自由なる愛について、バルトは例えば『教義学要綱』の中で次のように述べています。

自らの被造物のために、その被造物の存在のまったき深みにまで自己放棄し給う憐れみの神。それが、高きにいます神である。神がそのように低く下り給うにもかかわらず、ということではない。低く下ることと不思議にも逆説的に対立して、ということでもない。低く下ることこそがまさに、神の高みなのである。こうした神の自由なる愛こそが、神の崇高な本質なのである。（中略）神は、アブラハムに呼びかけ、あの惨めな民を砂漠を通して導き、この民の幾世紀にもわたる不誠実や幾世紀にもわたる不従順によって惑わされず、ベツレヘムの馬小舎で幼児として生まれ、ゴルゴタの丘で死に給う方なのである。（中略）「高きにいます神」を理解した者にとっては、どんな思想的な描写欲も、他のどんな描写欲も、満たすのは恐らく不可能であろう。[5]

ここでバルトが述べているように、最も自由なる愛とは、何ものにも強いられることなく、自ら進んで最も深いところへと下り、そこで他者と共に生きること、連帯することではないでしょうか。そのような自由な愛に人間が出会うのは、ベツレヘムの家畜小屋での誕生からゴルゴタの丘での刑死へと歩んだイエスの生涯に他ならないことをバルトは語っているのです。

神の大いなる自由と愛は、人間がそれに真に出会い、それによって貫かれる時、人間を変えます。何にも隷従しない自由と、何人にも仕える愛こそ、神の自由と愛によって働きかけられて変革された新しい人間の姿、自由と愛に生きる人間の姿ではないでしょうか。むろんそれは、現実に生きてい

4　バルトによれば、神は「自由において愛するもの（der Liebende in der Freiheit）」です（II/1, 288）。この愛と自由との二重性が、神の諸々の属性についてのバルトの教説の土台を成しています。ただしバルトは神の「属性（Eigenschaften）」についてではなく、むしろ神の「完全性（Vollkommenheiten）」について論じます（II/1, 495ff）。神は他の存在者のように諸々の属性をただ単に持っているだけではなく、それ以上に「諸々の完全性の充溢」であるからです（II/1, 362f）。例えば、神は憐れみという徳を持つ、正義という徳を持つ、というに止まらず、憐れみの充溢そのもの、正義の充溢そのものであるということです。バルトによれば、こうした神の諸々の完全性は、愛と自由に対応して、二種類の系列を持ちます。神的「愛」に含まれる完全性は「恩恵と聖性」、「憐れみと正義」、「忍耐と知恵」です（II/1, 288ff）。また神的「自由」に含まれる完全性は「一体性と偏在」、「持続と全能」、「永遠と栄光」です（II/1, 495ff）。

5　『教義学要綱』著作集第一〇巻、46―47頁＝Dogmatik im Grundriss, 45f.

る人間の姿を超えています。むしろその中に隠されつつ現れ出ようとしている、人間の最善の可能性、人間が目指しうる最高の未来ではないでしょうか。[6]

人間はこのような自由と愛を生きる時、それによって「自分自身の存在の意義と一切の出来事の根拠と目標を確信する」とバルトは言います。[7] 自らに働きかけてくる大いなる自由と愛は、人間の自由と愛を呼び覚まします。そのような人間は「私的状態から歩み出て、決断と責任負担と公共的状態の中へ、歩み入る」のです。[8]

自由と愛は、身近な人間関係だけではなく、より広く大きな政治社会の領域にも関わる事柄です。実際バルトは生涯を通じて政治社会に積極的に取り組んだ人物でした。彼の神学は、同時代の政治社会の動向と深く関係しています。以下の第2―3節において、それを見てゆくことにします。第2節では特にバルト神学が国家の力にどう対峙したのか、第3節では資本の力にどう対峙したのかを見てゆきましょう。

2　自由と愛を奪う国家の力に抗して

政治社会との関わり

バルトの生涯における政治社会へのコミットメントは、大きく三つ挙げられます。ザーフェンヴィル時代（一九一一―二一年）の社会主義運動との関わり、ドイツ国家社会主義との教会的・政治的な対決（三〇年代―終戦）、そして東西冷戦との対峙です。

ちなみに東西「冷戦（Cold War）」という表現は、あたかも戦争が起きなかったかのような印象を与えます。しかしこれは欧米が戦場とならなかったことの表現でしかありません。当時、米ソ間では核戦争の一触即発の危機が続いていました。また朝鮮戦争やベトナム戦争のような米ソの代理戦争も起きていました。冷戦時代もまた世界大戦の一歩手前の状況だったのです。その意味では、バルトは生涯（一八八六―一九六八年）の大半を通じて、二十世紀という戦争と混乱の時代に生きた神学者であったと言えます。

二十世紀は、前半に起きた二度の世界大戦と、後半に起きた東西対立に現れているように、地球規

6　ここで、自由と愛に満ちた人間の姿を定式化した、宗教改革者ルターの言葉を思い出してもよいでしょう。「キリスト者はすべてのものの上に立つ自由な主人であって、だれにも服しない。キリスト者はすべてのものに仕えることのできる）僕であって、だれにでも服する」。これはルターの代表作『キリスト者の自由』（一五二〇年）の冒頭のテーゼです。マルティン・ルター『キリスト者の自由――訳と注解』徳善義和訳、教文館、二〇一一年、15頁。

7　『教義学要綱』著作集第一〇巻、24頁＝Dogmatik im Grundriss, 25.

8　前掲書33頁＝AaO, 32f.

模での「力」と「力」の衝突の世紀でした。二十世紀は、地球規模の資本――自己増殖する富（マモン）――の力と国家の力が絡まりあう、覇権争いの時代であったと言えます。

キリスト教という一宗教は、このような力がせめぎあう世界の現実から何一つ無縁ではありません。どのような信仰の表現も一定の政治的社会的な態度決定を含んでいることに対して自覚的でなければいけないとバルトは考えていました。例えばバルトは『教義学要綱』の中で次のように述べています。

教会がすでに外形的に、村や町の中で、学校や映画館の隣りに建っているのと同じように、教会の空間は世の中にある。教会の言葉が自己目的であろうとすることはできない。明らかにされなければならないことは、教会が世のためにあるべきだということ、光は闇の中で輝くということである。（中略）私たちの誰一人として、単にキリスト者である人はいない。私たちは皆、自らこの世の一部分でもある。したがってまた必然的に重要なのは、この世での態度決定であり、私たちの責任をこの領域へと翻訳することである。なぜならば信仰の告白は、私たち誰もが生きている生活に適用されることによって、実行されることを欲するからである。日常の理論的実践的な疑問に囲まれた、私たちの現実的存在の問題に適用されることによって、実行されることを欲するからである。私たちの信仰がリアルなものならば、その信仰の告白は私たちの生活の中に食い込まなければならない。（中略）重要なのは翻訳である。例えば、新聞の言葉への翻訳であ

> る。必要なのは、教会の言葉の形式で語るのと同じことを、この世において世俗的に語るということである。キリスト者は「非建徳的（unerbaulich）」にも語らねばならないのを恐れてはなるまい。それができない人は、自分が教会においても本当に建徳的に（erbaulich）語ることができているかどうか注意すべきである。[9]

「建徳的」な語り方というのは、牧師であれ、信徒であれ、キリスト教徒が聴き手の信仰を鼓舞して修養となるように語る仕方のことです。しかしバルトは、そのような語り方にとどまらず、それをさらに「翻訳」すべきことを強調しています。バルトが言わんとすることは、キリスト教の信仰内容、福音というメッセージは、本来すべての人へのメッセージであるから、教会の内側で語り継がれてきた伝統的な言葉遣いにとどまっていてはならないということです。またキリスト教の信仰内容は、単に心の内面のみにとどまるものではなく、現実の社会の中で目に見えるように生かされるべきだということです。その現実社会には、キリスト教徒も非キリスト教徒も、宗教者も非宗教者も、混在しています。そこでは「カナンの言葉」（イザヤ書一九18）を単に繰り返すのでなく、「外側で」語られる「非建徳的」な言葉へと翻訳しなければならないのです。

9　前掲書36—37頁＝AaO, 35-37.

バルメン神学宣言

バルトがそのような「翻訳」を行った決定的な行動が、キリストの福音に基づいてナチス・ドイツの支配に対して「否！」を表明したことでした。一九三四年五月三一日、バルトが中心となったドイツ告白教会は「バルメン神学宣言」を締結しました。その正式な名称は「ドイツ福音主義教会の現在の状況に対する神学的な宣言」[10]です。この宣言は、ナチス・ドイツの支配に対するキリスト教会の抵抗宣言でした。ヒトラーが一九三三年に政権を掌握したことを「神の救い」であるかのように意味づけ、キリスト教会の中にヒトラー崇拝を導入しようとする動向がありました。このようにキリスト教会を全体主義国家の一機能へと統合しようとする動向に対して、バルトたちは妥協なき神学的土台を表明したのです。この宣言によって、十六世紀の宗教改革時代以降初めて、プロテスタントの諸教派間に共通する宣言が実現しました。

バルメン宣言は合計六条から成り立つ短いテキストです。各条文は聖書の引用から始まり、次に条文の本文があり、最後に異説を棄却するという、三部構成になっています。とりわけ第一条は、バルト神学の骨子とも言うべきテキストですから、引用しておきましょう。

「私は道であり真理であり命である。誰も私を通らずして父のところに来ることはできない」

（ヨハネ一四6）。「はっきり言っておく。羊の囲いに入るのに、門を通らないでほかの所を乗り越えて来る者は、盗人であり殺人者である。私は門である。私を通って入る者は祝福される」（ヨハネ一〇1、9）。

イエス・キリストは、聖書に証言されているように、私たちが生きる時も死ぬ時も信頼し服従すべき、神の唯一の言葉である。

教会が自らの宣教の源泉として、この神の唯一の言葉の外やそれと並んで、その他の諸々の出来事や権力、諸々の形態や真理も神の啓示として承認することができるし、また承認しなければならないという誤った教説を、私たちは退ける。[11]

この第一条をキリスト教の絶対性の宣言、あるいは他宗教を排斥する宣言であるかのように受け取ってしまうと誤解になります。それはナチス・ドイツの支配が強まる中、キリスト教会自身が何に拠って立つべきかを明確にする条文なのです。

---

10 「バルメン宣言」加藤常昭訳『改革教会信仰告白集』教文館、二〇一四年、685―692頁＝Barth, Texte zur Barmer Theologischen Erklärung, Zürich 1984, 1-5.

11 前掲書689頁＝AaO, 2f.

この第一条は、キリスト教が「聖書のみ」「キリストのみ」を救いの源泉とするという、十六世紀宗教改革の原点へと立ち返る宣言です。実際「生きる時も死ぬ時も（im Leben und im Sterben）」という表現は、宗教改革の古典である『ハイデルベルク信仰問答』（一五六三年）の冒頭に登場する「生きる時も死ぬ時も、あなたの唯一の慰めは何であるか？」という問いと同じ表現です。この問いは、ローマ書一四章において使徒パウロが表明する、生死を超えたキリストへの信頼に由来します。「生きる時も死ぬ時も」変わらないものだけが、真に持続的な世界観であり人生観です。その意味でバルメン宣言の第一条は、ヒトラーが台頭し激変する政治社会状況の中で語られた、一種の死生観であるとも言えます。

また「聖書において私たちに証言されたイエス・キリスト」という表現は、バルメン宣言に先立って書かれたドイツ福音主義教会憲法の言葉です。それをバルト神学の鍵概念である「神の唯一の言葉（das eine Wort Gottes）」と結びつけた点に、バルメン第一条の新しさがあります。

バルメン第一条はまた「神の唯一の言葉」の「外や、それと並ぶ（außer und neben）」諸事象の中に神の啓示を見出そうとする、いわゆる「自然神学」を否定します。何らかの自然現象であれ、カリスマ的独裁者の出現であれ、様々な出来事をキリストと同等なものと見なし、しかもキリスト教の宣教にとって規範的なものとする、という意味での「自然神学」が、ここでは明確に拒否されているのです（KD II/1, 194）[12]。

「神の唯一の言葉」の実質的な内容は、第一条以降の条文においてさらに展開されてゆきます。第二条によれば、イエス・キリストは「あらゆる罪に対する赦しの慰め（Zuspruch）」かつ生全体への「要求（Anspruch）」です。すなわち福音かつ律法であるということです。これは、互いに無関係な別々のメッセージ、神の二つの言葉があるということではありません。いのちの赦しを告げ知らせる「福音」と、いのちを方向づけ導く「律法」は、唯一なる「神の言葉」が現れる二重の姿だということです。[13]

国家と教会の関係を論じるバルメン第五条も見ておきましょう。

「神を畏れ、皇帝を敬え」（一ペトロ二17）。
聖書は私たちに次のように言う。国家は神の配剤に従って、いまだ救い贖われていない世界の中にあって――その世界の中に教会も立っているのだが――人間の洞察と能力の尺度に従って、権力の威嚇と行使をもって、正義（Recht）と平和に配慮するという課題を持っている。教会は神

12　但し厳密に言うとこの第一条は、「神の唯一の言葉」の光の下で、或いはその前提の下で、諸々の諸事象が真の神認識をもたらすという可能性を否定してはいません。このことは、バルメンの約四半世紀後に書かれる「いのちの光」と題されたテキストにおいて、決定的に重要となりますので、後ほど改めて論じます（本書第四章2節を参照）。
13　序章3節を参照。

に対する感謝と畏敬をもって、この神の配剤の慈しみを認識する。教会は神の国と神の戒めと正義を想起し、それによって統治する者たちと統治される者たちの責任を想起させる。教会は、万物を支える神の言葉の力を信頼し、それに服従する。

私たちは、あたかも国家がその特殊な任務を超え出て、人間生活の唯一の全体的な秩序となるべきであり、またそうなることができて、それゆえに教会の定めとされた使命をも満たすべきであり、またそうすることができるというような、誤った教説を退ける。私たちは、あたかも教会がその特殊な任務を超え出て、国家の様式や国家の課題や国家の威厳を身に着け、それによって国家の一機関となるべきであり、またそうなることができるというような、誤った教説を退ける。

この第五条には、バルト以外のルター派の神学者の主張も加わっているのですが、バルトの考え方も生かされています。国家と教会にはそれぞれ固有な任務があり、お互いの課題を混同したりすべきではありません。しかし、混同すべきではなくとも、全く無関係に並び立つ二つの世界ではないというのが、バルトの考え方です。国家権力もまた「神の配剤（Anordnung）」であり、世俗的な方法で正義と平和を実現する義務を負っているというのです。国家は神について語らなくても、それなりの仕方で神の意志を世俗世界の中で反映する義務があるということです。

バルメン第五条を解釈し敷衍したものとして、後年の講演「キリスト者共同体と市民共同体」（一九四六年）も重要です。[14] この講演でバルトは、世俗的な政治社会とイエスの説く「神の国」は互いに無関係なものではなく、双方のあいだに「対応」あるいは「類比」があることを主張します。国家の政治はイエスの説いた「神の国」を実現することはできなくとも、その「たとえ」になりうるというのです。神がキリストにおいて人となったということは、人間の様々な権利を尊重することに対応します。神が見失われた者を救済することは、弱い者の立場に連帯することに対応します。また教会という「キリストの体」におけるメンバーの平等性は、法治国家における権利の平等に対応します。

ナチス・ドイツとの対決

バルトが中心となって起草した「バルメン神学宣言」は、教会がキリスト教信仰のゆえにナチスの独裁と暴力に服従しないことを表明した抵抗の文書でした。バルトはこのような思想に基づいてヒトラーへの宣誓を拒否したために、ドイツでの教授職を剝奪されました。

バルトはナチスの支配が力そのものを崇拝する「ニヒリズムの革命」だと見ていました。絶対的な権力は、人を魅了する力（Macht; *potentia*）であり、神もまたそのような力の権化であるかのように

14　カール・バルト「キリスト者共同体と市民共同体」蓮見和男訳、著作集第七巻、一九七五年、199―238頁＝Karl Barth, Rechtfertigung und Recht. Christengemeinde und Bürgergemeinde, Zürich 1970, 40-80.

しばしば考えられてきました。ヒトラーはいつも神をそのような意味での「全能者（der Allmächtige）」と呼んでいたのです。

しかしバルトによれば、ヒトラーの言う意味での「全能者」は旧新約聖書の神を完全に見誤った呼称です。そのような「全能」とは、むしろ悪魔の特性、あるいは創世記に登場する混沌としたカオス（創世記一2）の特性であるとさえ言います。力だけが支配しようとする時、秩序は生まれず「革命」が勃発するとバルトは言います。ここで「革命」とバルトが言う時、ヒトラーの独裁政治はもちろん、あのロシア革命も含めていると見てよいでしょう。[15]

ナチス・ドイツが含むもう一つの深刻な問題は、西欧キリスト教を古代イスラエル民族というルーツから切り離して捉えたこと、つまりユダヤ教を否定したことでした。ユダヤ教を否定することは、イエスがユダヤ人であることを否定することになります。そのようなイエス理解はバルトによれば「抽象的で、安価で、無意味」な「仮現論」に過ぎません（KD IV/1, 181f）。[16]

ここで、バルメン宣言の翌年にバルトが行った「福音と律法」という講演（一九三五年一〇月）を紹介しておきます。[17] 福音と律法の関係をどう捉えるかということが、じつはユダヤ人問題の根底にあるからです。

旧約において、契約の箱に十戒が納められています（申命記一〇1―5）。また新約において、救い主が飼い葉桶の中に寝かされています（ルカ二7）。これらの記述が象徴するように、神の言葉の二つの現れ方である福音と律法は、互いの中に入りこむように密接に結びついているとバルトは考えます。さらにまたバルトは、「福音の必然的なかたち」こそ律法であるとも言います。つまり福音は律法に先立つ、より根源的なメッセージなのですが、それは必ず律法となって実を結ぶのです。何よりもイエス・キリストという一人物こそ、福音と律法という「神の言葉」の二重の形態を余すところなく体現する比類なき存在なのです。

バルトの講演「福音と律法」は、旧約聖書と新約聖書とをあたかも無縁のものであるかのように分離し、しかも前者を否定する反ユダヤ主義に対しての、根本的なプロテストでした。反ユダヤ主義が旧新約聖書を否定するだけでなく、ひいてはキリスト教そのものを破壊することをバルトは警告し続けました。[18] これについてはまた後ほど、第四章2節で論じます。

なおこの講演は、バルトがナチスによってドイツから国外追放される前の、最後の講演となりました。バルトはヒトラーへの宣誓を拒否してボン大学の教授職を剥奪され、一九三五年三月からドイツ国内での講演を禁止されていました。そのためこの講演の原稿を読み上げることはできず、カール・

15　『教義学要綱』著作集第一〇巻、55―56頁＝Dogmatik im Grundriss, 54-55.

16　仮現論については第二章注21を参照。

17　Karl Barth, Evangelium und Gesetz, in: Theologische Existenz heute 32, München 1935, 3-30.

18　バルメン第四条にもユダヤ人を官公吏や教会の職務から排斥するアーリア条項への批判が含まれています。

イマーという牧師が代読しました。講演後、バルトはゲシュタポに帯同されてドイツ国境を越えてスイスに行き、それから十年間ドイツに戻ることができませんでした。

政治的礼拝と抵抗権

ドイツから追放され、祖国スイスからナチス・ドイツへの抵抗を続けていたバルトは、一九三七―八年にかけて、アバディーン大学に招かれて、ジョン・ノックスらが執筆した「スコットランド信条」（一五六〇年）について講義を行いました。[19] その中でバルトは「政治的礼拝（politischer Gottesdienst）」ということを論じています。この語は「政治的な神奉仕」とも訳せます。この講演において、バルトはキリスト教徒が教会の外で行われる政治に対してどのように関わるべきかを語っています。そこではバルメン第五条よりもさらに踏み込んだ、バルト自身の固有の考えが展開されています。

バルトによれば、国家の政治は、外面的な公正と平和と自由を維持しようとするものにすぎません。国家は人間の内面に立ち入ってコントロールすることはできないし、そうしてはならないということが、近代の民主主義的国家の原則です。

とはいえバルトは、外面的な政治的秩序といえども「信仰と愛の生活であるイエス・キリストにおける生活を指し示す徴」たりうると言います。政治的秩序は神の命令を受けて「正義と平和と自由」

をもたらす義務があるとバルトは考えます。それが「この世における神奉仕、政治的神奉仕」ということです。[20]

パウロはローマ書の中で、政治的秩序を執行するために神によって立てられた「神に仕える者（レイトゥルゴイ）」に言及しています（ローマ一三6）。ギリシャ語の「レイトゥルゴイ」は「奉仕者たち」を意味します。これと関連する「レイトゥルギア」（英語のliturgy）は「奉仕」「礼拝」を意味します。この奉仕というテーマについては、次節（第三章3節）でも仕事というテーマと関連して改めて取り上げることにしましょう。

バルトは現世の国家に対してきわめて批判的に対峙していたとはいえ、アナーキストではありませんでした。神に服従する者は政治的秩序を尊重し、その秩序の担い手のために第一テモテ書二章1−4節に従って祈りをささげるべきだと言います。[21] その際バルトは、国政をつかさどる政治家たちがキリスト教に入信したり、政治の場で信仰を表明したりすることを要求しているのでは全くありませ

---

19 カール・バルト「神認識と神奉仕——スコットランド信条講解」宍戸達訳、著作集第九巻、一九七一年、1—198頁 = Karl Barth, Gotteserkenntnis und Gottesdienst nach reformatorischer Lehre. 20 Vorlesungen über das Schottische Bekenntnis von 1560, Zollikon 1938.

20 前掲書181頁 = AaO, 207.

21 前掲書187頁 = AaO, 213.

ん。バルトはキリスト教的政党のようなものを全く不要と考えていました。なぜならば国家の政治はそれに固有な方法で、公正と平和と自由を実現するよう努めるべきだからです。

現実の国家は、ローマ書一三章が言うように神の代理者、あるいは祭司のように「己れの領域において正道に立っている」か、それともヨハネ黙示録一三章が描くような深淵から現れる獣となるか、そのどちらかだとバルトは言います。[22] つまり現実の国家は、公正な法治国家と悪魔的な無法国家という二つの可能性のあいだで揺れ動いているのです。後者へと傾く場合、つまり権力者が正義と平和と自由を壊す暴君となる時、その権力は正当性を失って疑わしいものとなります。[23]

スコットランド信条によれば、場合によっては、政治的権力に対する抵抗（レジスタンス）が「単に許されているだけでなく、要求されてもいる」のです。それは単なる「消極的抵抗」以上の「積極的抵抗」、「権力には権力（Gewalt）をもって立ち向かう」抵抗です。「そうする以外には恐らく、暴君に歯向かう抵抗、罪なき者の流血を阻止することは遂行できないであろう！」とバルトは言います。[24]

実際バルト自身が、ドイツから追放された後、祖国スイスを拠点として終戦までナチス・ドイツへの抵抗を続けました。彼自身、ヒトラーのスイス侵攻に備えて、自らが国境警備の一兵士となって従軍したのでした。

ただし、バルトが不正な独裁者への武力抵抗を主張しつつ実践したことは、ナチスへの抵抗が唯一のケースでした。これに先立つ第一次世界大戦においても、またこの後の東西対立時代の核戦争の危機においても、バルトは徹底的な非戦の立場を取り続けたことを付け加えておきます。

とりわけ広島長崎への原爆投下はバルトの戦争観を変えました。バルトは一九五八年の「核『武装』問題に関する十箇条の提題[25]」において、核兵器以前の戦争と、核戦争とを明確に区別します。そして核武装と核戦争のいずれに対しても、キリスト者は「中立にとどまることはできない」と言います（第三条、十条）。

核戦争においては、戦闘員のみならず大勢の非戦闘員が、敵対しあう両陣営で滅亡します（第四条）。それゆえに核戦争は、政治的対立の解決としては不適切な手段です（第五条）。キリスト者はこれに対して「ただ否（Nein）しか」語ることができません（第六条）。核戦争を準備すること自体が、キリスト者が関わってはならない「神と隣人に対する罪」です（第七条、九条）。「福音の名において」核戦争の準備を「即座に停止しなければならない」（第八条）とバルトは主張します。

この十箇条の提題が示すように、冷戦時代のバルトは、核以前の状況においてかろうじて正当化さ

---

22 前掲書185頁＝AaO, 210.

23 前掲書183頁＝AaO, 208f.

24 前掲書186―187頁＝AaO, 213.

25 Karl Barth, Zehn Thesen zur Frage der atomaren „Bewaffnung“ (März 1958), in: Bertold Klappert, Schritte zum Frieden. Theologische Texte zu Frieden und Abrüstung, hg. von Bertold Klappert und Ulrich Weidner, Wuppertal 1983, 99.

れた非常防衛から、核兵器に代表される大量殺戮兵器を用いる正当化できない非常防衛を厳密に区別するに至りました。バルトは五〇―六〇年代に、核戦争の危機を人類の存続を脅かす問題と捉えていました。その際、神学的意見の対立を超え、教派対立を超え、イデオロギー対立を超え、無神論者とも自然科学者とも連帯し呼応する、きわめて多元的な言論と行動を展開したことを記しておきます。

またもう一つ付け加えておけば、バルトは死刑制度廃止論者でもありました。[26] 国家の暴力が外側へと向かって発動されれば戦争となり、内側へと向かって発動されれば死刑となります。バルトは福音に基づいて、そのいずれにも反対したのです。

3　自由と愛を奪う資本の力に抗して[27]

国家と並んで強力に人間を支配する力として、「富（マモン）」（マタイ六24）の力があります。現代的に言えば、それは資本の力です。資本主義とは、資本の増大、言い換えれば経済成長を果てしなく求めるシステムに他なりません。

バルトはこの資本主義経済がもたらす諸問題に、牧師として、神学者として対峙しました。本節では、すでに第一章で見てきたザーフェンヴィル時代（一九一一―二一年）へと立ち返り、バルトの労働者問題への取り組みを改めて詳しく取り上げます。さらに後年の『教会教義学』第三巻（特にKD III/4, 1951）におけるバルトの取り組みを見てゆくことにします。

工場労働者と共に生きる

バルトはジュネーヴでの副牧師時代（一九〇九―一一年）、大都市の貧困家庭を訪問することによって、格差社会の現実に直面しました。それに続いて、工場労働者の村ザーフェンヴィルに正牧師として赴任したことによって、労働者の苦境に直面しました（一九一一年―）。

バルトが赴任するよりも前、十九世紀末にザーフェンヴィルに初めて牧師館が建てられました。工場主の一人が、学校の校舎を牧師館に改装したのです。「牧師先生（Herr Pfarrer）」がキリスト教の教えを通して、住民を自らの境遇に――貧困層はおのれの境遇に、富裕層はおのれの境遇に――納得させ順応させてくれることを期待したのでしょう。そしてバルトが赴任した時には、ザーフェンヴィルは二人の工場経営者によって支配されていました。工場労働者たちは乏しい給料で、週六日、一日十

26　カール・バルト『国家の暴力について――死刑と戦争をめぐる創造論の倫理』天野有訳、新教出版社、二〇〇三年。

27　本節は以下の二つの学会発表を書き改めたものです。「社会主義とキリスト教――カール・バルトの場合」（日本宗教学会、二〇一五年九月六日）。「労働をめぐる神学的倫理学的考察――カール・バルトを手がかりとして」（日本倫理学会、二〇一五年九月三〇日）。

二時間働いていました。

しかしバルトが赴任したことによって、この工場経営者たちの期待は打ち砕かれました。なぜかと言えば、この新しい牧師は、多くの貧しい抑圧された人々の側に立って、その人々からは「牧師先生（Herr Pfarrer）」とは呼ばれず、「同志の牧師（Genosse Pfarrer）」と呼ばれるような存在となったからです。工場主のヒュッシーの従兄弟はバルトに抗議して、教会の役員を辞任しました。もう一人の工場主ホフリも教会から脱会しました。さらに「敬虔主義者（ピエティスト）」と呼ばれる信者たちもバルトに抗議しました。

バルトにとって重要なことは、労働者に対して観念を説くことではなく、また彼らを教会に通わせることでもありませんでした。バルトは労働者たちに自らの権利がなんであるのか、また相互の連帯はどのように可能か、どうやって選挙に参加すべきか、あるいはアルコールをいかに節制すべきか等々といった、きわめて現実的で実践的なアドバイスを与えたのです。

社会主義運動との関わり

ザーフェンヴィルで、バルトは同時代の社会主義運動と関わるようになりました。「社会主義（socialism）」という言葉を耳にすると、多くの現代人は旧ソヴィエト連邦をはじめとする独裁的な監視国家を思い浮かべるかもしれません。しかし、この言葉はもともとラテン語の *socius* あるいは

societas に由来します。「親交的」「社会的」「同胞的」「共同体」といった意味を持つ言葉です。二十世紀のロシア革命よりも前に「社会主義」という言葉は、不平等な社会体制を克服して搾取や階級差別のない社会を目指す理念として、すでに西欧に広がっていたのです。

例えばバルト自身は一九一四年、「福音と社会主義」（未邦訳）と題された講演を行っています。バルトはこの講演で、「社会主義」とは「人間の利己と人間への蔑視に基づく社会秩序を、連帯と公正に基づく新しい社会秩序へと取りかえることを目指す、大いなる現代の運動」だと言っています。それはまた「個人が自由と尊厳を取り戻すために、共同体（*societas*）が経済的自治を行う」ことだとも言います。バルトはこの講演において、同時代の様々な社会主義運動を意識しながら、それらの多様な運動を「社会主義的政党の限界をはるかに超え出てゆく一つの運動」と見ています。[28]

バルトはすでに青年時代、そのような「社会主義」に出会う機会をいくつも持っていました。例えば、ベルリン大学とマールブルク大学での神学生時代、カントを社会主義の創始者と見なす新カント派の哲学を学んだこと。[29] マルクス主義者でありベルリン大学の経済学者であったゾンバルトから影

28 Karl Barth, Evangelium und Sozialismus, in: ders., Vorträge und kleinere Arbeiten 1909-1914, 729-733, 730.

29 ヘルマン・コーヘンによれば、カントは「ドイツの社会主義の真の現実的な創始者」です。Hermann Cohen, Kant (1896), in: Marxismus und Ethik, hg. von Hans-Jörg Sandkühler und Rafael de la Vega, Frankfurt 1974, 45-86, 70.

響を受けたこと[30]。南ドイツにおいて大きな影響力を持ち、社会主義的な傾向を持っていた牧師ブルームハルトの「神の国」への理想から感化を受けたこと[31]。ジュネーヴの副牧師時代における貧困層との交流。そのジュネーヴの宗教改革者だったカルヴァンの主著『キリスト教綱要』の「神の国」理解から影響を受けたこと。スイスの宗教社会主義運動との接触。そして何よりも、工場労働者が住民の多くを占める村ザーフェンヴィルへ正牧師として赴任したこと（一九一一年）が、決定的要因をなしています。

講演「イエス・キリストと社会運動」

ザーフェンヴィルにおいて、バルトは工場法や保険制度を研究しました。また低賃金労働者に労働組合設立の理論を教え、彼らの組織的行動を支援しました[32]。そのようなさなかにバルトが行った多数のスピーチの一つに、一九一一年末にザーフェンヴィル労働者連盟で行った講演「イエス・キリストと社会運動[33]」があります。講演直後に起きた工場経営者とバルトの論争[34]をも含めて、この講演に見られるバルトの論点を幾つか取り上げてみます。それは、キリスト教と産業資本主義の関係（A）、それに対抗する社会主義運動（B）、そのいずれとも接しつつ相容れないイエス（C）、という三つの視点です。

A キリスト教と産業資本主義

伝統的なキリスト教が天と地、あるいは精神と物質を切り離し、貧困問題を軽視する傾向を持っていたことをバルトは指摘します。教会は社会的困窮を「天国の候補生を準備するための既成事実」と

30 「ベルリンとマールブルクでの神学生時代、バルトの社会主義への接近は、ゾンバルトにおけるマルクス主義的な諸要素と、コーヘンやナトルプにおける新カント派的な倫理的社会主義のあいだに位置している」と、バルト研究者のポール・チャンは捉えています（Paul S. Chung, *Karl Barth. God's Word in Action*, Cambridge 2008, 37）。

31 バルトとブルームハルトの最初の出会いは、バルトが神学生であった一九〇七年一二月二七日に遡ります。バルトはそれから頻繁に彼を訪ねるようになりました。ブッシュ『カール・バルトの生涯』62頁＝Busch, Karl Barths Lebenslauf, 55 を参照。

32 前掲書99頁＝AaO, 81.

33 カール・バルト「イエス・キリストと社会運動」村上伸訳、著作集第六巻、3—24頁＝Karl Barth, Jesus Christus und die soziale Bewegung, in: ders., Vorträge und kleinere Arbeiten 1909-1914, 380-411.

34 Walter Hüssy, Offener Brief an Herrn Karl Barth, Pfarrer in Safenwil, Safenwil, 1. Februar 1912, in: Karl Barth, Vorträge und kleinere Arbeiten 1909-1914, 409-411; Karl Barth, Antwort auf den offenen Brief des Herrn W. Hüssy in Aarburg, Safenwil, den 6. Februar 1912, in: AaO, 411-417.

見なしてきたというのです。[35] さらに教会は国家と共に、私有財産を神聖不可侵なものと見なしました。「私のものはいつまでも私のものでなければならない」という考え方は近代ヨーロッパ人の常識と化し、法的にも守られてきました。[36]

バルトが引用するスイス社会民主党の綱領によれば――バルトはこの講演の時点ではまだ入党していませんでしたが――「資本家各個人は、自己の生産物の低廉化と販路の拡大を絶えず心がけ、競争相手を負かし、自らが負けないようにする」という法則から逃れることができません。さらに「この熱病的な経済活動」は「社会的需要を顧慮せずに、利潤獲得を目的とするので、必然的に生産過剰と周期的恐慌をもたらす」ことになります。[37] 産業資本は賃金労働者を雇うことなしに利益を上げることはできません。しかし生産手段（工場、機械、原料等）は資本家の私的所有物であり、労働者はその資本家からただ労賃を受け取ることに甘んじています。この両者の「不平等」と「依存」関係こそが、資本主義を特徴づける「不正」であるとバルトは主張します。[38]

B　社会主義運動

資本主義は滅びなければいけない、何よりも人間が経済的エゴイズムから共同体的意識へと進歩することによって、その基盤をなす「私有財産」が滅びなければならないとバルトは主張します。ただし重要なことは、ありとあらゆる私有財産を廃棄することではなく、資本家による生産手段の私有を廃棄することです。人間の労働が「集合的で共同的なもの」であるように、「労働の純益」もまた「共同のもの」とならなければならないとバルトは主張します。そのためには「個々の生産者の間に起こる際限のない競争」がなくならなければならず、「国家、または全体が自ら生産者に、それゆえ生産手段の所有者とならなければならない」とバルトは主張します。[39] スイス社会民主党の綱領においても「社会主義」とは、「利潤目的で生産を行う資本主義経済を、社会的需要の充足を目的とする共同的経済に置き換えること」、「社会」が「生産手段」と「生産指揮」を手中にすること、「生産手段の国有化」を意味していました。[40]

C 聖書のイエス

産業資本主義の問題と解決策を古代の聖書の中に探し求めることに対して、バルトは懐疑的です。

---

35 「イエス・キリストと社会運動」著作集第六巻、11頁＝Barth, Jesus Christus und die soziale Bewegung, in: AaO, 395.
36 前掲書15頁＝AaO, 399.
37 AaO, 413f.（邦訳なし）
38 Barth, Antwort auf den offenen Brief des Herrn W. Hüssy in Aarburg, in: AaO, 415f.
39 「イエス・キリストと社会運動」著作集第六巻、15頁＝Barth, Jesus Christus und die soziale Bewegung, in: AaO, 399.
40 Barth, Antwort auf den offenen Brief des Herrn W. Hüssy in Aarburg, in: AaO, 414.

しかしバルトはその一方で、聖書の中に「人間そのものと同じくらい古い一つの問題」を見出します。それはすなわち私有財産の問題です。イエスは「私のものは私のものだ」という観念をきわめて鋭く断罪しており、「それはおそらく、社会主義の全文献を探しても、どこにも見当たらないほど鋭い断罪」であると言うのです[41]。それゆえにイエスは、「社会主義者たち以上に社会主義的」であり、無制限な私有財産のシステムである資本主義とは相いれないとバルトは言います[42]。

さらに精神と物質、天と地を分ける抽象的な二元論も、イエスにとって無縁です。ヨハネ福音書が「言葉は肉体となった」（一14）と言うように、神の国の到来とは物質の世界への到来であり、物質的な援助を含むものであり、「神の道の終点は身体性である」とバルトは主張します[43]。

かくしてイエスは、人間性の根本的な変革に触れない社会主義運動に対して、また私的所有論と物心二元論に支配されたキリスト教市民社会に対して、それらのどちらとも妥協しえない異質な存在として立ち現れます。

その一方でバルトは、イエスを軽蔑する無神論者や唯物論者やダーウィン主義者が、市民的教会的なキリスト教徒以上に「真正のイエスのフォロワーや使徒」たりうる可能性を認めています。そして社会主義者たちを「教会の虜」や「敬虔な仔羊」へと変えるつもりがないことも明言します[44]。

バルトは講演「イエス・キリストと社会運動」の末尾でこう述べています。

思うに私たちは皆、イエスが私たちとは全く違う何ものかだったという印象のもとに立っています。彼の姿は私たち全員、社会主義者や非社会主義者すべてのものの前に、異様に、大きく、そして高く、屹立しています。だからこそ、彼は私たちに何か言うべきことを持っているのです。だからこそ、彼は私たちにとって何ものかであり得るのです。だからこそ、彼の衣の裾に触れる時、私たちは生ける神ご自身に触れるのです。[45]

社会主義運動の挫折

ザーフェンヴィル時代、バルトは二重の意味で既成の社会主義運動に躓きます。一つは第一次大戦、もう一つはロシア革命です。一九一四年夏の大戦勃発と同時に、多くの社会主義者は国際的連携よりも戦争支持へと態度変更しました。さらに知識人たちによる戦争政策への支持声明も出されました。国民国家と資本主義経済がもたらした戦争に対して、キリスト教・社会主義・諸学問の三者はいずれ

41 「イエス・キリストと社会運動」著作集第六巻、13頁＝Barth, Jesus Christus und die soziale Bewegung, in: AaO, 398.
42 前掲書16頁＝AaO, 400.
43 前掲書14頁＝AaO, 398.
44 前掲書 6 頁＝AaO, 390.
45 前掲書24頁＝AaO, 408.

も対抗することができずに屈服したということが、バルトの状況把握です。これについてはすでに第一章2節で触れた通りです。

しかし、こともあろうに開戦から数か月後の一九一五年一月、バルトはスイス社会民主党に正式に入党します。バルトは大戦勃発後、キリスト教と社会主義のどちらも改革を必要としており、その際に双方が互いを必要としていることを繰り返し主張します。この頃のバルトの発言には「真のキリスト者は社会主義者である」と同時に「真の社会主義者はキリスト者である」という主張が繰り返し現れます。[46]

また一九一六年の「社会主義と教会」と題された草稿に、バルトは次のように書き記しています。「言い表しえないもの（das Unausgesprochene）こそが、社会主義の本質である。それは無限のものに相対する、人間の大いなる危急と憧憬である。綱領（プログラム）の背後で、また綱領を超えて、聖書について語らねばならない」[47]。「プログラム（綱領）」とは具体的には一九〇四年のスイス社会民主党の綱領を指します。

さらにロシア革命（一九一七年）の初期の経過を観察するバルトは、それが暴力的かつ形式的な支配の転覆にすぎないことを見抜きました。そして民主主義が陥る少数者支配という過ちは、たとえ民主主義を廃棄しても克服できないことをロシア革命から見てとりました。[48]この時期のバルトは自らを「社会民主主義者」、「社会主義者」と明言しつつも、同時代のボルシェヴィズムやスパルタクス団に対しては共鳴しませんでした。[49]

「社会主義以上の社会主義」

ザーフェンヴィル時代のバルトの思想と実践は、今日から見て重要な意義を持っています。バルトは、イエスが体現する「社会主義以上の社会主義」を「言い表しえないもの」、つまり定義できない未来に開かれた運動と見ているのです。それは「常に《現実》との妥協へと追い込まれているあらゆる道徳と政治と倫理の彼岸にある何ものか[50]」だと言います。つまり、資本主義へ対抗する理念と運動は、単なる綱領やトップダウン式の統治機構によって一元化することも組織化することもできない

46　AaO, 117.（邦訳なし）
47　Karl Barth, Sozialismus und Kirche, in: ders., Vorträge und kleinere Arbeiten 1914-1921, 224. これは、一九一六年のものと推定される、バルトの短い草稿です。
48　Karl Barth, Demokratie oder Diktatur? (1919), in: AaO, 501f.
49　Karl Barth, Das was nicht geschehen soll (1919), in: AaO, 521-527. 一九一九年三月モスクワで設立された第三インターナショナルに対して、スイス社会民主党はそれを支持するか否かで分裂しました。支持しないようにとバルトがひきとめたものが、この「起きてはならないこと」と題された講演です。
50　ブッシュ『カール・バルトの生涯』121頁＝Busch, Karl Barths Lebenslauf, 96.

ようなものだということです。

バルトの言う「社会主義以上の社会主義」とは、国家と資本の支配を超えたところにある、人間の「自由と尊厳[51]」の実現であることになります。それは人間が目指す未来社会であると同時に、人間に向かって到来する何ものかです。バルトとブルームハルトの表現を用いるならば、人間がそれに向かって「待ちつつ急ぐ」未来なのです。

なお青年牧師バルトの社会主義者たちとの交流において、「教会の壁の外」にイエスの働きを見ようとする後のバルトの主張——これについては第四章2節で言及します——が現れていることも、興味深い点です。

そして何よりも重要なことは、社会主義が貧困や不正という欠乏の現実から出発するのに対して、キリスト教はイエスの福音による人間の変革から出発するということです。社会運動とキリスト教は異なった出発点を持ちつつ、協同しうるということ、さらにまた単に憎悪や体制転覆ではなく、人間の内的変革なくして新しい社会（*societas*）を建設することはできないことを、青年時代のバルトは洞察しているのです。

『教会教義学』の中の倫理学

バルトにとって、ザーフェンヴィル時代の労働者運動への関心と取り組みが、一つの原点をなしています。それに続く、ナチス・ドイツとの闘争を含む神学教授時代（一九二一年―）、さらにその後の戦中から戦後にかけてのバーゼルでの神学教授時代（一九三五年―）、バルト自身の置かれた状況は変わるものの、人間の労働（仕事）というテーマに対する関心は失われることなく持続しています。バルトはそこで、人間が労働を通していかに自由と共生を実現しうるかを論じているのです。

「バルトの数万ページに及ぶ著作群を貫く中心思想は何か？」と問うならば、それは文字通り「福音」、言い換えれば「神の自由」が「人間の自由」をもたらすことに他なりません。人間の「労働」あるいは「仕事」（Arbeit）は、それが福音を反映するならば、人間の自由な創造的活動となりうるはずです。

『教会教義学』全四巻の中の様々な箇所に、倫理学が含まれています。倫理学（ethics）とは、人間のエートス（*ethos*）、人間がいかに生きるべきかを論じる学問です。そしてバルトによれば、倫理学は神学の一分野、教義学にとって欠かせない「補助学」です。

バルトが労働（仕事）というテーマを論ずるのは、『教会教義学』第三巻（KD III）「創造論」の中の倫理学部門（III/4）、その中でもとりわけ「生への自由」（§55）、「制約の中の自由」（§56）と題された二節です。以下において特に注目したいのは、圏点を付したテキストです。

---

51 Karl Barth, Evangelium und Sozialismus, in: ders., Vorträge und kleinere Arbeiten 1909-1914, 730.

55　生への自由（Freiheit zum Leben）
　1　生への畏敬（Die Ehrfurcht vor dem Leben）
　2　生の保護（Der Schutz des Lebens）　→貸与としての生
　3　活動する生活（Das tätige Leben）　←課題としての生
56　制約の中の自由（Freiheit in der Beschränkung）
　1　一回的な機会（Die einmalige Gelegenheit）
　2　務め（Der Beruf）
　3　栄誉（Die Ehre）

バルトは55・1～2において、人間の生を「貸与（Leihgabe）」として捉え、それに続く55・3においては、人間の生を「課題（Aufgabe）」と捉える視点へと移行します。[52] 生の受動相から能動相へと移行することによって、労働あるいは仕事（Arbeit）というテーマが現れてきます。なおこのテキストは一九五一年に発表されたものであり、東西冷戦時代の初期の欧州の労働環境を背景として書かれたものです。

活動する生活——仕事の範型としての奉仕

バルトは「仕事（Arbeit）」を含む、より広い概念として「活動する生活（das tätige Leben）」という概念を用います。[53] 活動する生活とは、人間が①「自分自身を何かに向けて整えること（sich selbst auf etwas ausrichten）」、②「何かを整えること（etwas ausrichten）」ことです。このような「二重の整え

52　55「生への自由」の提題文によれば、創造神は人間に対して、自他の生を神からの「貸与（Leihgabe）」として畏敬し（55・1）、あらゆる恣意から保護することを命ずる（55・2）。それは、その生を神への奉仕とその奉仕の用意のために活動せしめるためである（55・3）。（KD III/4, 366）

53　『教会教義学』第三巻「創造論」において、創造者の行為は中心（Mitte）と周辺（Umkreis）を持ちます。神の業（Tun）とは、「中心的に、決定的に、イエス・キリストにおける神の国の到来」です。神の業はその中心の周辺において「予定（Vorsehung）」、すなわち「世界事象全体に対する恵みに満ちた統治」です（KD III/4, 544）。このような創造者の業に対応する人間の業の全体が「活動的な生」と呼ばれます。人間の業もまた神の業に対応して、中心と周辺を持ちます。人間の業は神の業への「対応」であって「継続」ではありません（543）。まずキリスト教会の奉仕が、イエス・キリストにおける神の国の到来へと対応する活動的な生です（557）。次に労働（仕事）は人間の行為の「中心」ではなく、その「周辺」を形成します（593）。「周辺」の意味と目標が「中心」です。「周辺」は「中心」にとって不可欠のものです。以上のことを図式化すると、こうなります。

神の業の中心（Mitte） ＝キリストにおける神の国の到来	神の業の周辺（Umkreis） ＝世界を保持し統治する予定（Vorsehung）
人間の業の中心 ＝教会における奉仕（Dienst）	人間の業の周辺 ＝労働（Arbeit）

(Ausrichtung)」によって人間が自己を超え出ることが「活動する生活」です。活動的な人間の反対は「自分自身へとねじ曲がった人間（*homo incurvatus in se*）」、つまり自閉し自足している人間です（KD III/4, 542）。

バルトはこの活動的な生活の範型として、聖書で用いられる「奉仕（Dienst）」という言葉に注目します。[54] それは主人、主（Herr）が奉仕者（Diener）あるいは僕になることによってこそ、真の意味で主人、主となるという逆説です。[55] それをよく表しているのはイエスの次の言葉です。

「あなたがたも知っているように、異邦人の間では、支配者と見なされている人々が民を支配し、偉い人たちが権力を振るっている。しかし、あなたがたの間では、そうではない。あなたがたの中で偉くなりたい者は、皆に仕える者になり、いちばん上になりたい者は、すべての人の僕になりなさい。人の子は仕えられるためではなく仕えるために、また、多くの人の身代金として自分の命を献げるために来たのである」（マルコ一〇42―45）。

この言葉が示すように、イエスにとって真に重要なことは人に権力を振るうことではなく、「僕」となって人に仕えることです。イエス自らが十字架に至る生涯を通してそれを体現します。

これを言い表す「神の奉仕（Dienst Gottes）」という言葉があります。この言葉はキリスト教会の

「礼拝（Gottesdienst, 英 service）」という言葉になって定着するようになりました。この「神の（Gottes）」という属格が、「目的をあらわす属格」であるのみならず、「主体をあらわす属格」であることにこそ注目すべきです。つまり人間が神に仕えるだけでなく、むしろそれに先立って、神が人間に仕えるのです。限りない高みにある「主」なる神が、「僕」となって、限りなく低く下って人間に仕えるのです。それゆえに十六世紀の宗教改革において、「神奉仕」「礼拝」とは、神の人間に対する奉仕に応える、人間の神に対する奉仕、神が語りかける「言葉（Wort）」に対する人間の「応答（Antwort）」と理解されたのです。[56]

さてバルトの『教会教義学』は「活動する生活」を論じる際、まず教会（Kirche）を形成する会衆（Gemeinde）の活動から論述を開始します。それは一見すると「キリスト教の思い上がり」であり、

54　以下の聖書箇所を参照。出エジプト記七16、八16、九1、13、一〇3、サムエル記上七3、一二14、詩編七二11、一〇〇2、一〇二23、イザヤ書四二、四九―五三、五六6、エゼキエル書二〇40、ゼファニヤ書三9、マラキ書三18、マタイ六24、ローマ一9、フィリピ二17。

55　以下の聖書箇所を参照。マタイ一二17以下、ルカ二二24―30、ヨハネ一三1以下。

56　バルトによれば、神の国の到来の告知が、教会における会衆の主要な業です（579）。それは「神の然り」という福音を証することであり（581）、「福音への奉仕（Dienst am Evangelium）」（582）です。

「きわめて世間に疎く、非実践的」であるように見えます（KD III/4, 554）。[57] しかし現世から疎遠に見える教会員の活動は、その疎遠さにおいて、実のところきわめて現実的なものだとバルトは言います。奉仕は「人間の行為の本来的で本質的な性格」であり、それを可視化するのが教会の会衆の務めだからです。その意味で、会衆の活動は「最高度に、最も本来的に実践的」な活動だとバルトは言うのです（556）。

キリスト教会の活動とは、神が人間へと低く下る「奉仕」に対しての人間の側からの応答と証、いわば第二次的な「奉仕」であると言うことができます。これはまた「水平的な」奉仕とも言われます（572）。すなわち同胞を自由な存在として扱う同胞愛です。バルトによれば、何人も神のごとく他者を「救済する（erlösen）」ことはできませんが、同胞として「解放する（lösen）」ことはできます。つまり各人は可能なところで可能な限り「他者を解放するという課題」、「他者を何がしか休ませ、軽くし、元気づけ、強めるという課題」を与えられているということです。それは活動する同胞愛であり、「キリスト教的奉仕の最も重い形」であるとも言われます（573）。

ダイナミックな会衆は、制度（Institution）におさまりきれません。会衆の存在は「自己目的」ではなく、自らのところに到来する「他なるもの」、つまり「神の言葉」たるイエス・キリストを証することにあるからです（560）。

この証言の奉仕には様々な課題や方法があります。[58] しかしその多様性は、中世の人々が語ったような「活動的な生活（*vita activa*）」と「瞑想的な生活（*vita contemplativa*）」のごとく、あるいは「教える」側と「聴く」側のごとく、積極的な人々と消極的な人々に分かれるということではありません。バルトの言う「活動する生活」はその両方を含む包括的な概念です。この活動する生活の中では、会衆に属する誰一人として「奉仕外（außer Dienst）」つまり勤務外ではありません。また会衆の活動は教会を絶えず動かすとバルトは言います（561）。それゆえに『教会教義学』における「教会」概念は、固定化され静止した制度にはおさまらないダイナミックなものなのです。

仕事の五つの基準——即事性・尊厳・人間性・内省・限界

バルトによれば、活動する生活の一つである労働あるいは仕事（Arbeit）とは、人間が自らの存在を「活動的に肯定すること」です（593）。あらゆる人間の仕事の本質は、精神による外的世界の形成、かつ外的世界による精神の充足、言い換えれば主体と客体の相互作用であると言えます。人間が行うすべての仕事はこのような形で、自らに与えられた世界を活動的に肯定することです（595）。

こうした人間の仕事はもちろん神の業ではありませんから「地上的」で「被造物的」な業であるに

57　本章で『教会教義学』同巻（KD III/4）の頁を指示する場合、以下、頁数のみを記します。
58　以下の聖書箇所を参照。マタイ一一五15以下、ローマ一二3以下、一コリント四2。

とどまります。逆に仕事が「天上的あるいは神的」であろうとすれば、それは「悪魔的なもの」になるほかありません（597）。

バルトは旧新約聖書の多様な仕事観を参照しつつ、そこから仕事のための五つの「基準（Kriterien）」を導き出します。それは人間の仕事が本来目指すべき姿、仕事の倫理と言ってよいものです。以下においてその五つを順に見てゆきましょう。

1 即事性

第一の基準は「即事性（Sachlichkeit）」と呼ばれます。仕事は「人間が一定の目標を立ててその達成に向けて自らの最善を尽くすという努力の形をした、生の延長」です。人間が肉体と魂をもって「そこにいる（da sein）」だけではなく、己がたずさわっている事柄に「立ちあって（dabei sein）」いるということが、即事性ということです（605）。それぞれの仕事には固有のルールがあり、人はそれを繰り返し新たに見出しながら、それに対して完全に服従し献身します。「ディレッタント」や「手抜き屋」の仕事とは違って、見せかけではない真摯な仕事とは、めいめいに与えられた特殊な業とその目的に、能力に応じて完全にコミットすることです（606）[59]。

2 尊厳

第二の基準は「尊厳」と呼ばれます。仕事の尊厳は、「何が欲せられ目標とされて、何がもたらされるのか？」、仕事が人間のいのちに仕えているか、それとも損害を与えているかということにかかっています。つまりその仕事が人間が生きるための諸条件を提供しているかどうかが重要なのです（608）。

バルトによれば尊厳ある「誠実な仕事（ehrliche Arbeit）」かどうかは、地位が高いか低いか、指導的か従属的か、知的か機械的か、精神的な欲求関心に仕えるものか物質的な欲求関心に仕えるものか、人間に直接関わるか否か、といった尺度によって決まるのではありません（608）。誠実な働き手が「影の側」で働くことがありえます。また不誠実な働き手が「光の側」で働くこともありえます。

バルトは仕事の「尊厳」という基準に照らし合わせて、戦争を準備する軍需関連産業に対して、さらに資本主義的な労働一般に対して、疑問を投げかけます。大半の雇用者は「《資本主義的に》思考し評価を下す」ものの、それ以外の目的に関しては思考を働かせません。「仕事が何を目的とするか」という問いは、個々の労働者に対してはもちろんですが、雇用者に対しては「より厳しく」、国家に対しては「さらにより厳しく」、そして社会全体に対しては「最も厳しく」向けられねばならないと

59　この点が、「信仰義認」を重んじる宗教改革以降のプロテスタント神学から見ても、「行為義認」がふさわしい唯一の場所だとバルトは言います（606）。

バルトは主張します（610f）。

3 人間性

第三の基準は「人間性（Humanität）の基準」と呼ばれます。仕事がどれほど「同胞的（mitmenschlich）」であるかが「人間性の基準」です。

キリスト教の代表的な祈りである「主の祈り」には、「我らの日用の糧（日々のパン）を与えたまえ」という祈りが含まれています（マタイ六11）。この「我ら」という一人称複数は、「それを欠いては仕事が人間にとって呪いとならざるを得ない」ような、あらゆる仕事の根拠であるとバルトは言います。すなわち仕事は「社会的、社交的、同胞的な業」であり、また生の諸要求に基づく平和な共同作業であるべきなのです。そうでない仕事は「喜び」も「祝福」ももたらさないとバルトは言います（616）。

しかし仕事が所有のための所有、「生の自然で美しい余剰」ではなく「虚無の余剰」への渇望に動機づけられることによって、その仕事は自由で平和な共同作業ではなくなり、闘争状態となります（620）。この空虚な渇望は「社会的な爆薬」であるとバルトは言います（617）。現代社会において、人間の労働は「密かな或いは公然たる生存闘争」と化しています。現代人の労働は、自己の必要や願望や欲望を孤立化させ抽象化した活動的な自己肯定であって、他者の必要や願望や欲望を考慮せず無視し、意識的に排除、阻止していると言います。人間の仕事は本来「並びあって互いと共に（In einem Nebeneinander und Miteinander）」なされてよいし、またそうあるべきなのに、現実には「互いを無視し、互いに敵対する（In einem Ohneeinander und Gegeneinander）」ものと化しています（615）。バルトによれば、聖書はすでに仕事がはらむそのような非人間的な危険性を見ています[60]（616）。

バルトは平時の資本主義的労働の延長上に戦争の危機を見てとります。「競争の徴の下における労働は、それ自体が常に繰り返し、戦争の徴の下における労働を意味する。それはすなわち、人間が人間に対して奸計と暴力をもって出会う戦争、無数の囚人と負傷者と死者なしには済まされない戦争である」とバルトは言います（621）。資本主義社会とは戦争へと向かう社会でもあるのです。

このような仕事における社会性と平和の喪失は、それを修正しようとする試みの下でも続きます。例えば労働の「組織化と分業」によって、競争や闘争が排除されるかのように見えます。しかしそのような組織化と分業をどれほど発展させても、ある人間が他の人間を道具化することは決して止みません。資本家は「労働手段、いわゆる生産手段（土地、原料、道具と機械、経営資本）」を己の所有物とします。これに対して労働者は「生きるためには己に提供される労働機会と稼ぎの機会に依存」せざるをえず、「己の時間と労働力、つまり自分自身以外になんの提供しうる所有物も持っていない」

60　ヤコブ五4、ローマ一二2、一コリント一〇24、ガラテヤ六2。

のです（621）。「西洋世界」――これはバルトが見ている一九五〇年頃の欧米のことですが――において、大半の労働過程は「一部の者たちによる他の者たちからの収奪の原理」に基づいています。この社会システムは、人間が人間を「自分自身の目的の手段とし、単なる道具とする」システムだとバルトは言います（623）。

このシステムに対する「対抗運動」もありました。例えば工場法の厳正化、社会保険の拡大、ギルド的・協同組合的な運動、労働組合とその国際的展開といったことです（623f）。また十九世紀に始まった協同組合運動は「かつての経済形態の家父長制を思い起こさせる、雇用者と労働者のあいだの相互的で自由な忠実さ」（624）を再現しようとしています。しかし、最善を尽くした最も先鋭的な対抗運動や革命をもってしても、人間の人間による略奪は目下のところ阻止できていないとバルトは見ています。

バルトは五〇年代初頭、東西冷戦の初期経過を観察しつつ、東側と西側のどちらにおいても、人間が労働において「手段」「道具」にされるという「不正」が続いていると言います。当時の最先端であったアメリカのテイラー・システムであろうと、ソ連のスタハノフ・システムであろうと、人間の労力を軽減化するかに見える技術の進歩が、むしろ「労働への熱狂」を増大させていると言うのです（638）。こうした西洋世界の趨勢は、仕事の第三の基準「人間性」におよそ反するものでした。

4　内省

続く第四の仕事の基準は「内省（Besinnlichkeit）の基準」と呼ばれます。バルトは「内省」を「省察（Besinnung）」とも言い換えます（627）。活動的な生活の中には、たとえ外からは見えなくても、きわめて集中的に行われる「内的な仕事」があります（626）。それはいかなる結果にもあらわれないような仕事です。病気や老化は、仕事からの免除や追放ではなく、より集中的な、内的あるいは観照的な仕事という「他の側面への移行」ともなりうるとバルトは言います（630）。内的な仕事には、例えば祈りも含まれます。外側に向かって何も表現することができない時でも、人間は祈ることができます。そのような祈りの代表的なものが、イエスが教えた「主の祈り」です。

5　限界

第五の基準は「限界（Grenze）の基準」と呼ばれます。人間の労働は、それが正しくなされるためには「リラックス（Entkrampfung）」、すなわち安息を必要とします。リラックスすることは、Krampfen（引き攣り、しがみつき、死にもの狂い）の反対です。安息とは、仕事を有意義かつ効果的に行うために「節度、釣り合い、距離」を知って、「仕事の遂行を緩和すること」です（633）。バルトはこう言います。

安息をとって、リラックスし、気晴らしするということは、正しく理解すれば、自分自身から離れ、神のもとに来て、自分自身の活動的な現存在肯定が相対的なものであることを理解し、絶対的な活動的現存在肯定――その主体は人間ではなく神である――によって囲まれ担われているのだと理解することである。(641)

安息とは、仕事と自分に対して一定の距離を置き、俯瞰しながら自由になるということです。安息は「気晴らし(Zerstreuung)」、つまり自らの仕事とは異なる「他の方向や領域への拡散」でもあります(637)。休日だけでなく平日の労働時間を短縮することも大切です。

人間の仕事は、神による「無からの創造」ではなく、あくまで被造世界の内側における一つの仕事にすぎません。つまり人間の仕事とは、自分が「無からの創造」者などではないこと、自分の行為が神の行為ではないことを自ずとあらわしているとも言えます。[61] 人間の仕事はいのちの活動的な肯定ですが、それはいのちを無から創造することではなく、すでに与えられたいのちを育み促進することです。人間は自らに先立ついのちの「根源的肯定(Grundbejahung)」それ自体を免除されつつ、この根源的肯定を「反復する」のではなく「証する」ことができます(634)。安息日に礼拝することや休息をとることは、そのような証なのです。

以上において、仕事をめぐる五つの基準——即事性、尊厳、人間性、内省、限界——を見てきました。これはバルトが提唱する理想的な仕事の基準、仕事の倫理であると言えます。現代人が置かれた仕事の現実は、ここからどれほどかけ離れていることでしょう。しかしまた、この理想的基準を手がかりとすることによって、どれほど改善されることでしょう。

61　バルトによれば、人間に与えられているのは「いずれにせよ、健康な日々において、また力の続く年々に、彼が自らの現存在の保証のために、そしてそれによって彼の奉仕の前提を作るために、ひとりの独立した人間自身として配慮することを許されているところの、ひとつの空間である。この空間は狭いが、この目的にとっては十分に大きい。(中略) 彼に残され、満たされんとしている、この小さな空間、そしてそれを満たすことが、まさに、彼に命ぜられている仕事である」(603)。このような意味での仕事をパウロはキリスト者に勧めました (一テサロニケ四11以下)。働かざるもの食うべからずとも言います (二テサロニケ三10以下、エフェソ四28)。もっともこれらの箇所は——パウロが職人として彼自身の仕事について語っている箇所を別とするならば——仕事を直接勧めている新約の唯一の箇所であるとバルトは言います。さらにこれらの箇所で、仕事がどれほど「冷静に (nüchtern)」勧められているかにバルトは注意を促します (603)。仕事が勧められるのは、人間が生きなければならないから、また彼の内的かつ外的な独立のために、無駄な事をする代わりに自らの生を気遣うように命ぜられているから、また彼が不正な受け取り手としてではなく自由な贈与者として生きるべきだからだと言います (604)。

職業と召命——仕事の二局面

仕事の「特別な地位や機能」は「職業（Beruf）」と呼ばれます。しかしそのような「職業」が人間にとって不可欠なものだという見方は、じつは特殊近代的な人間観、とりわけ十九世紀における労働や生産過程への過大評価に由来するものだとバルトは考えます。

そもそも技術的な意味での「職業」を持っていない人がいます。例えば、子供や失業者や老人など、「職業」が「期待や準備あるいは追憶の対象」であるような人々です。また日常生活の中には、職業的な活動以外にも、多種多様な活動の仕方があります。

バルトは近代ヨーロッパ的な「職業」観念がいかに成立したか、新約聖書の「召命（クレーシス）」という言葉と関連づけて解き明かします。新約ギリシャ語の「クレーシス」はもともと、特定の技術的職業のことではなく、人間の出自や社会的地位を超えたところからやって来る呼びかけを意味していました。聖書はそれを天的（ヘブライ三1）なもの、「上から」（フィリピ三14）来るものと言います。つまりクレーシスは「神からの召命」を意味していたのです。それはイエス・キリストを通して人間に呼びかける「神の言葉」であり、それを受けとめた人間は新たな生き方へと導かれます。つまり召命はあらゆる人間的なものより卓越している呼び声なのです。そして古代から中世末まで、召命や職業に関わる言葉（*vocatio*, Ruf, Beruf といった言葉）は——中世後期のドイツ神秘主義者などの例外を除けば——基本的に新約聖書の意味で用いられていたとバルトは言います（690）。

しかし、このような召命とは異なった考え方が、古代から中世末期にかけて生まれました。それは、召命を受ける第一階級（聖職者）と召命を受けない第二階級（一般信徒）を区別する考え方です。このような区別は、本来「一つのからだ、一つの霊」（エフェソ四4以下）であるはずのキリスト教会を分裂させるものでした（690f）。

宗教改革者ルターはこうした「分裂（シスマ）」を克服すべく、クレーシス概念を再びすべてのキリスト教徒にあてはめました。神の召命は、聖職者であるか一般信徒であるかを問わず、万人のもとにやって来るという「万人祭司主義」です。ルターは「おのおの召された時の身分にとどまっていなさい」（一コリント七20）という使徒パウロの言葉を「現世的な仕事領域」にとどまることと理解して、それを「職業（Beruf）」というドイツ語に翻訳しました。ルター派の重要文書である「アウグスブルク信仰告白」（一六条と二七条）も同様です。これによって「召命」は仕事の領域と解釈され、さらにこの領域が神から贈り与えられた「職業」と解釈されるようになりました。

こうして職業（Beruf）が召命（Berufung）よりも優越するようになりました。バルトによれば、宗教改革以降のプロテスタンティズムはこれによって、あらゆる人間世界をつらぬいて呼びかける、あの卓越した新約聖書的な「召命」を見失ってしまったのです（691）。なるほど宗教改革は中世的教会を批判し、修道院制度を駆逐して新約的クレーシスへ回帰しようとしました。しかし修道院がまだそれなりの仕方で常に意識していたクレーシスの卓越性を犠牲にしてしまったと言います。バルトはその事態を「カリュブディスから逃れようとする者はスキュラに嵌る」――「虎口を逃れて竜穴に入る」[62]――と表現します（692）。プロテスタンティズムは、召命の特権階層化という中世の過ちから逃れ出たものの、今度は職業概念の世俗化という近代的な過ちへと陥ってしまったのです。

古い務めと新たな召命

このような「職業」概念史を概観した上で、バルトは職業（Beruf）と召命（Berufung）の関係を新たに捉えなおします。人間の一生は、誕生と死のあいだに挟まれた一回かぎりで不可逆の歴史です。この歴史は、数多くの特殊性や制約の下に置かれています（685）。バルトはこうした特殊性や制約の全体を改めて「職業（Beruf）」と呼びなおすのです。

Beruf は通常「職業」と訳されます。しかしバルトがこの言葉にこめているより広い意味合いを強調するために、ここからは「職業」ではなく「務め」と訳すことにしましょう。バルトの言う「務め」とは「特殊性、限界、制約の全体」（688f）です。このような人間の「務め（Beruf）」を神の「召命（Berufung）」はまるごと包みこみます。すなわち、人間が今ある自分の務めを「分割するいかなる試みをも禁ずる」と言うのです。その召命は「私たちが実際にできることの全体において、私たち自身を認識し真剣に受け止めよという覚醒の呼びかけ」なのです（719）。

「務め」はまた「古きもの」とも言われます（687）。つまり召命を受ける以前に人間がしてきた生き方全体を指しているのです。これに対して召命とは「新たなるもの」であり、人間の「決断と行為の形をもった、歴史の継続への要請」であると言います。

ひとりの人間の歴史において、「古きもの」と「新たなるもの」のあいだには連続性があります。誰もがそのつど一回的な人間、聖書の言葉では「各自（ヘカストス）」（一コリント七20）です（692）。そのような各人の一回的な歴史的場所にこそ、召命はやってきます。召命は「何らかの一般的な原則や綱領の布告」ではなく、各自にのみにあてはまる「特殊な指図」なのです（694）。

パウロ書簡において、キリスト者は神から「平和の内に」（一コリント七15、コロサイ三15を参照）、「自由へと」（ガラテヤ五1、13を参照）向かうよう召命を受けます。平和の内において、キリスト者たちは共にあり、一つの体であり、各人（ヘカストイ）が自由な愛をもって相互に奉仕するべく結びつけられるのです。

古い務めは新しい召命に出会うことによって、「あらゆる認識の始発点（*terminus a quo*）」、「自由の中へと呼び出される人間の状態」（687）へと変革されます。これまであった古い務めは「牢獄」や「律法」ではなく、未来からの召命に応答する「揺りかご」、出発点となるのです。バルトによればそ

---

62 *Incidit in Scyllam, qui vult vitare Charybdin.* カール・バルト『キリスト教倫理Ⅳ——制約における自由』佐々木悟史訳、新教出版社、一九六九年、97頁はこのラテン語の箴言を「虎口を逃れて竜穴に入る」と訳しています。

の古典的な一例は、エジプトで苦しむ民を脱出させるために、神ヤハウェがモーセを召し出した、その語りかけです。

「何人もできる以上のことを義務づけられない（*Ultra posse nemo obligatur*）」という言葉があります。しかしバルトは「できる（*posse*）」ことと「できない（*non posse*）」ことが何かを前もって知ることができるような「誤りなき予備知識」など存在しないと言います（723）。人間は自らの才能を前もって知ることができません。召命を受けた人間は「新たな岸へと向かう航海」に招かれます。そのクレーシスが彼をどこへと連れていくか、前もって知ることはできません。召命の光が差した時、これまで「サウロ」と呼ばれた一人のユダヤ人が「パウロ」と呼ばれるキリストの証人へと生まれ変わりました（696）。パウロは、聖霊が「望むままに」各人にふさわしいものを与えるのだと言います（一コリント一二11）。

古い務めは「歴史的立脚点」の上に立っているとも言われます。この立脚点は、新しい召命のための「事前設定（Bereitstellung）」ではあっても「決定（Bestimmung）」ではありません（714）。人間は自らがこれまで拠ってきた立脚点と対決することができます。人間は自らが置かれた場所、限界、問題、困難、課題から去って逃れるべきではなく、この場所において「そこから、そこを導きとして」新たに動き出すことができます（715）。そのような意味で、人間は「真に保守的な者であると同時に、真にラディカルな者」となりうるのです（716）。

バルトはまた召命が「あらゆる歴史的社会学的な体系、神話、ドグマの解体」であるとも言います。この言葉の背景には、五〇年代の東西対立の激化があります（711）。バルトは西側の世界に生きながら、西側のイデオロギーからも、東側のイデオロギーからも自由であろうとしたのです。

仕事の栄誉

なおここで、仕事や務めに関連する「栄誉（Ehre）」[63]という主題にも短く言及しておきます。それは人間同士の目には必ずしも見えなくとも、神から与えられる栄誉のことです。人間は自らに与えられた時間や能力の限界の中においてこそ、この「栄誉」の担い手となるのです。その栄誉は人間が保持することができる勲章のようなものではなく、今ここの一回的な機会の中で生きる「この人間」に対してそのつど与えられる栄誉だと言います（763）。

制約された小さな生は、仕事を通して大いなる栄誉に与ります。聖書はそのような逆説を多く描いています。小さな子供を愛する者は、イエスを愛する者です（マルコ九36以下）。真に「大いなる者」は「奉仕者（ディアコノス）」となる者です。イエスが神のもとから人間のもとへとやって来たのは、仕えさせるためではなく仕えるため、そして自らのいのちを与えるためだと言います（同一〇45）。

63　KD III/4, 744-789.

イエスはまたルカ福音書二二章27節において、食卓に座る者と給仕する者とでは、どちらが大いなる者かと問います。一見すると前者が偉いように見えますが、イエスは自らを後者の仕える者の側に置きます。また使徒パウロのフィリピ書によれば、「主」自らが「僕」の姿をとり（フィリピ二7）、それゆえに天高く挙げられます（同二9）。パウロ自身が自らをイエス・キリストの「僕」と任じます。制約と栄誉、僕と主、卑小さと偉大さ、下降と高挙、喪失と獲得、死と復活といった一連の対概念は、いずれも前者を通して後者が可能となる、逆説的関係をなしています。

このような「栄誉」を受けとる人間の特徴として、バルトは「純粋な感謝」、「最深の謙遜」、そして「自由なヒューモア」を挙げます（764）。それはすなわち「純粋な許し（ein reines Dürfen）」に対する感謝、何一つ功績のない自分を照らし出す「異質な栄誉」に対する謙遜、栄誉と自己のあいだの距離を自覚した、あのアブラハムとサラの笑いのような、ヒューモアです[64]（765）。

召命がひらく未来

以上において、バルトの『教会教義学』Ⅲ／4に即しつつ、「活動する生活」とその土台とも言うべき「奉仕」について、さらにまた仕事の五つの基準、職業と召命について、仕事の栄誉について論じてきました。

召命する究極の主体、栄誉をもたらす究極の贈与者に対して、バルトはキリスト教信仰の枠組みにおいて、「イエス・キリストにおける神」という名を与えました。それは特殊キリスト教的な見方です。しかしその「神」は、バルトにとって『教会教義学』が一万ページを費やしても語り尽くすことができない、全き「他なるもの」であり続けました。バルトにとってそれは、人間が「それ」を見失うことはあっても、「それ」が人間を見失うことがないような何ものか、不可逆・不可分・不可同な仕方で人間存在を規定しつつ呼びかける根源的なものを意味しました[65]。

「神」と呼ばれるものは、人間が神ではない、つまり未完成であって常に未来へと開かれた存在であることを示す地平です。召命は人間が過去から束縛されるだけではなく、未来に向かって開かれた存在であることを告げ知らせます。

もっとも召命(Berufung)を受けた人間の務め(Beruf)は「制限も終わりもない活動的な現存在肯定」ではありませんし、また「永遠の業績獲得競争」ではないとバルトは言います(632)。バルトは仕事に対する「抑制された賛美(ein gedämpftes Lob)」(614)より以上のことを語ろうとはしません。仕事の第五の基準にある通り、安息が仕事を抑制し限界づけているからです。

---

64 創世記一七17、一八12以下。ここで言う「ヒューモア」とは、自分を相対化し突き放す態度を意味します。
65 バルトの弟子であった滝沢克己は、神と人との関係を不可逆性(Unumkehrbarkeit)、不可分性(Untrennbarkeit)、不可同性(Unvermischbarkeit)の三概念を用いて適切に把握しました。

その意味で、聖書に基づくキリスト教の伝統において、日曜日は重要な意味を持っています。それは旧約聖書が描く天地創造の七日目に、神がすべてのものを祝福して安らいだことを思い起こす日です。それはまた、新約聖書が描くキリストの死からの復活を祝う日、つまり新しい創造の日でもあります。それは、1世界が愛をもって善きものとして贈り与えられ（創造され）、2その恩恵に対する人間のいかなる忘却、背反、棄損にもかかわらず修復され（和解させられ）、3やがて真の意味で善きものへと完成される（救い贖われる）という、あの「本来の歴史」を思い起こす日なのです[66]。日曜日は、過去におけるいのちの誕生と、いまだ待ち望まれるいのちの自由と平和の成就とのあいだに、人間の現在の日々が架けられていることを示しているのです。

本章の締めくくりに、過去から未来へと向かう人間の姿についてバルトが語っている言葉を引用しておきましょう。

今や、かつてあった自分の存在を、希望もなく恋々として追い求めるべきではない。今までの自分の存在への未練を断固振り捨てなければならない。今や新しい港へ向かう航海へと招かれているのだ。そこでもちろん、再び自分自身を見出すだろうし、自分の存在は何ら失われることはないだろう。しかしながら、そこで人はある新しい形を持つヘカストス（各自）、自分自身になるべきである。その時、人はおそらく、今までの自分の主体性から見て、また今までの世界的・歴史的立場から見て、他人に対してのみならず、自分自身にとっても、全く驚くべき存在であるだろう。神による召命（クレーシス）によってどこに連れ去られるかを、人はどうして前もって決めえようか。聖霊は各自に配当されているものを「思いのままに」（一コリント一二11）与えるのである。（696）

66　第二章2節を参照。

第四章

未来は〈壁〉を越えて到来する

――バルト神学の地平

「キリスト教信仰は、一切の世界像に対して根本的に自由である。つまり、その時々に支配的な学問の基準に従って、またそのような学問の手段によって、存在するものを理解しようというあらゆる試みに対して、自由なのである。キリスト者であれば、この種のどんな古代的世界像によっても、またその時々に新しく登場して来て支配的となる世界像によっても、捕らえられてはならない。」（『教義学要綱』より）

大いなる——それ以上は考えられないほど大いなる——自由と愛に満ちた言葉が、世界と人間に向かって語りかけます。新約聖書はそのことを「言葉が肉となった」（ヨハネ一14）と表現しました。それはバルトの表現で言えば「永遠が時となった」ということです。

この「なった」という完了形の出来事は、単に完結した過去の史実ではありません。それは同時に、未来を先取りする出来事でもあります。いわば完了形が未来形でもあるのです。[1] バルトによれば、その未来とは「人間とこの世に対する神の自由な愛の計画の顕現であり、この意図を妨げようとするあらゆるものの絶滅であり、新しい天と新しい大地の啓示と出現」です。[2] つまり自由と愛以外の何ものもこの世界を支配しない、究極の未来世界と言ってよいでしょう。

この究極の彼方の未来と、究極より以前にある現在とは、どのようにつながるのでしょうか？　自由と愛を阻む現実の様々な壁は、どのようにして未来に向かって乗り越えられていくのでしょうか？

本章では、キリスト教の内部にある壁（第1節）、キリスト教と非キリスト教（他宗教あるいは非宗教）のあいだの壁（第2節）、そして最後に、未来と現在をへだてる壁（第3節）をバルトがどのように捉えるかを見てゆくことにしましょう。

1　『教義学要綱』163頁＝Dogmatik im Grundriss, 154.
2　前掲書45頁＝AaO, 44.

1　教会と教派の〈壁〉を越えて

教派性の尊重と、教派主義の否定

「キリスト教が一つの宗教であるならば、なぜ諸教派が存在して対立しているのか？」という疑問がしばしば投げかけられます。これに対してバルトならばどう答えるでしょうか？

カルヴァンの伝統を持つスイスに生まれ育ったバルトにとって、改革派教会の伝統は慣れ親しんだ土台でした。改革派とは、ルターの次に現れるカルヴァンら宗教改革第二世代による教会であり、「神の言葉によって絶えず改革される」教会という意味です。改革派を特徴づける、神と人間とのあいだの峻厳な区別、しかしその一方で、その区別を超えて神の側からもたらされる人間との契約の重視は、バルトに大きな影響を与えました。

もっともバルトは晩年にこう言っています。

> 私たち改革派が持っているものは、教会の一つの形態であって、それと並んで他の諸形態もありえます。私が思うに、天においては誰もが改革派であるわけではありません。それゆえに地上で必ずしも改革派でなくともよいのです。[3]

この言葉が示すように、バルトは「教派性（Konfessionalität）」を尊重しつつも、他教派に対する自教派の優越性をただ単に強調する「教派主義（Konfessionalismus）」を否定します。バルトにとって、聖書が開示する真理への探究は、ある教派が独占的排他的に行うものではなく、諸教派のあいだの共同の討議を通して行われるべきものであったのです。[4]

宗教改革の伝統に対して

先祖の教えを子孫が継承するように、バルトは先人の思想を幅広く検証します。バルトは宗教改革に由来する伝統から多くのことを学びました。とりわけ三十代半ばに、ゲッティンゲン大学で改革派の講座を担当するようになってから、ハインリッヒ・シュミットが編集したルター派神学の集成、ハインリッヒ・ヘッペが編集した改革派神学の集成を熟読しました。[5] 近代神学において半ば忘却され

---

3 Karl Barth, Gespräche 1964-1968, Zürich 1997, 465f.

4 Matthias Freudenberg, Barth und die Reformierten, in: Barth Handbuch, hg. von Michael Beintker, Tübingen 2016, 132-137, 137.

5 バルトがとりわけ注目したのは以下の二著です。Heinrich Heppe, Die Dogmatik der evangelisch-reformierten Kirche. Dargestellt und aus den Quellen belegt (1861), hg. von Ernst Bizer, Neukirchen [2]1958; Heinrich Schmid, Die Dogmatik der

ていたこれらの伝統的文献を集中的に読解することを通して、バルトは自らの神学を構築していったのです。

もっともバルトはそれらの遺産を無条件に継承することはしません。宗教改革者自身が原理とした「聖書のみ」「キリストのみ」を貫徹する限りにおいて、彼らの教えを支持するのです。つまり宗教改革の精神によって宗教改革そのものを検証するのです。

例えば古代のアウグスチヌスから宗教改革へと受け継がれた「原罪」の観念をバルトは否定します。聖書が描く神の自由にふさわしい人間の真の自由とは、善と悪のどちらをも選ぶことができるという意味での自由、悪を選び「罪を犯す自由」ではないとバルトは考えます。バルトによれば自由とは「ただ善へと向かう自由」です。このような自由と責任が人間に与えられていると考えるからこそ、「原罪」なるものが原初の人間アダムから後世の人間へと逃れられない運命のごとく遺伝するという思想をバルトは否定するのです（KD III/2, 236）。

バルトはまた宗教改革とりわけルター派に見られる「二王国説（Zwei-Reiche-Lehre）」を批判します。二王国説とは、神が二つの国――地上の国と神の国――を異なった手段で統治するという考えです。一方では、現世の国家は世俗的な正義や武力を用いて治められ、他方では、教会が宣教する「神の国」はキリストの福音によって治められると考えるのです。二王国説は、このように互いに制限しあい補いあう二種類の統治を想定するために、聖書の律法を福音からは独立した神の第二の言葉であるかのように考える傾向がありました。
しかしバルトによれば、律法と福音の両者は、唯一の「神の言葉」が持つ二重の形態に他なりません。そして、福音は律法に先立つものです。[6] このような唯一の「神の言葉」を聴く者は、俗世と教会というあたかも無関係に並び立つ別々の二世界を行き来する住人ではありません。バルトが書いたバルメン神学宣言（一九三四年）の第二条は、そのことを次のように言い表しています。

イエス・キリストが私たちのあらゆる罪に対する赦しの慰め（Zuspruch）であるように、それと同じ真剣さをもって、彼は私たちのいのち全体に対する、神の力強い要求（Anspruch）でもある。そして彼を通して、この世の神無き拘束から、神の被造物に対する自由で感謝に満ちた奉仕への悦ばしき解放が、私たちに起きる。イエス・キリストのものではなく、他の主たちのものであるかのような、また私たちが彼による義認と聖化を必要としていないかのような、私たちのいのちの領域があるかのような誤った教説を私たちは退ける。

---

evangelisch-lutherischen Kirche, Dargestellt und aus den Quellen belegt (1843), hg. von Horst Georg Pöhlmann, Gütersloh ^{2}1990.
6　序章3節と第三章1節を参照。

ここでは、キリストという「神の言葉」が、慰めの福音であると同時に、生き方を方向づける律法でもあることが語られています。それは人間を自由な愛の実践へと導くメッセージです。さらにキリストの働きかけは、聖俗の区別なく、人間や社会のすべての領域に関わるということです。

バルトはまたカルヴァンの予定説を検討します。バルトはカルヴァンとは違って、神がある人々を救いへと選びつつ他の人々を滅びへと棄却したとは考えません。むしろ選びと棄却がキリストという一点において同時に起きて成し遂げられたと考えるのです（KD II/2）。バルトはさらに、カルヴァンからキリストの三重の職務（祭司・王・預言者）についての教説を受け継ぎつつ、それを古典的な神人両性説（キリストが「真の神であり真の人」であるという説）と組み合わせることによって、より包括的なキリスト論を展開します（KD IV）。この点に関しては第二章3節ですでに論じたとおりです。

カトリックの伝統に対して

十六世紀の宗教改革がたもとを分かったカトリック教会に対して、バルトはどのように考えていたのでしょうか。

バルトとカトリック神学者たちとの対話は、ゲッティンゲン時代とミュンスター時代に始まります。カトリック神学者エーリッヒ・プシュヴァラ（Erich Przywara, 1889-1972）は「存在の類比（*analogia entis*）」概念をカトリック神学の中心として打ち出しました。「存在の類比」は、被造物の存在と神の存在の対応関係を意味します。これに対してバルトはローマ書一二章6節「信仰に応じて」に基づいて「信仰の類比（*analogia fidei*）」という考え方を打ち出しました。バルトによれば、神と被造物の「存在の類比」は、ただ信仰においてのみ認識可能なのです。「存在の類比」はあくまで神の側からもたらされる恩恵であって、被造物の意のままになることではないからです。バルトは神という唯一無比の対象をその他のあらゆる対象（被造物）から厳格に区別します。バルトによれば、神は三位一体においてこそ、またイエス・キリストが人と成った受肉の出来事においてこそ、人間にとって初めて認識可能となるのです。

中世スコラ主義および十九世紀の第一バチカン公会議に依拠し、自らを神の啓示と同一視するローマ教皇を頂点にいただくカトリック教会に対して、バルトは疑問を投げかけました。神と人間、イエスとマリア、聖書と伝統、キリストと教皇、信仰と理性、神学と哲学といった、「と」で結ばれる一連の関係を説くカトリックに対して、バルトは批判的に対峙しました。バルトはとりわけ「存在（Sein）」概念によって神と人間を同一平面で捉える「存在の類比」を批判しました。

ただし、この存在の類比という一点以外のすべての事柄は、カトリックを拒否する真剣な理由とはならないとバルトは言っています（KD I/1, VIII）。バルトは、宗教改革者ルターの信仰義認論ではなくて、むしろより包括的な「イエス・キリストへの告白」こそが教会を教会たらしめると考えるのです（KD IV/1, 588）。このような考え方は、プロテスタントの枠を超えるものだとも言えます。

バルトとカトリックの対話交流は長く続いてゆきました。バルトは第二バチカン公会議からもオブザーバーとして招待されました（健康上の理由で辞退せざるをえませんでしたが）。またハンス・キュンク（Hans Küng, 1928- ）やハンス・ウルス・フォン・バルタザール（Hans Urs von Balthasar, 1905-1988）のような新しいカトリック神学者もバルト神学を熱心に研究しました。

キュンクは、バルトがキリストの福音を徹底的に探究したことによって「カトリック神学に最も接近する」と言います。バルト神学は、キリストに拠って立つ徹底的な福音主義であるからこそ、普遍的（カトリック的）であり、「新しいエキュメニカルな神学の可能性」を持っていると言うのです。[7] 実際キュンクはカトリックの立場から博士論文においてバルトを取り上げ、そのような可能性を論じたのでした。[8]

教会の一体性

イエス・キリストという教会の頭《かしら》にこそ、諸教派へと分裂した教会の一体性が実現されているとバルトは考えました。教会を教会たらしめる本質は、そこで「福音が宣べ伝えられ聴かれる」ことです。地上で目に見える教会は多様であっても、そこには見えざる唯一の普遍的な教会が内在していま す。キリストを証言する教会が歴史的、文化的、地理的に多種多様な形態を持つとしても、それらは本質において一つなのです。それゆえにバルトにとって『教会教義学』は教派的なものではなく、エキュメニカルな「神の言葉」についての学問的な熟考だったのです。

いかなる教説の相違も永遠のものではあり得ないとバルトは考えていました(KD I/2 933f)。聖書が指し示す大いなる神の現実は、唯一の教派によって把握されるようなものではなく、かといって諸教派の相違を無視するような諸教会の連合によってでもなく、諸教派の切磋琢磨を通じてのみ近づきうるものだとバルトは考えていたのです。その意味で、先ほども述べたように、バルトは「教派性」を尊重しつつ、「教派主義」を否定したのです。

2　宗教の〈壁〉を越えて

バルト神学と諸宗教

宗教間の対立は、民族間や国家間の対立とあいまって、人類の平和をはばむ深刻な問題となる可能

7　ハンス・キュンク『キリスト教思想の形成者たち――パウロからカール・バルトまで』片山寛訳、新教出版社、二〇一四年、328頁 = Hans Küng, Große christliche Denker, München 1994, 233.
8　キュンクの博士論文『義認――カール・バルトの教説とカトリック的な熟考』(未邦訳)。Hans Küng, Rechtfertigung. Die Lehre Karl Barths und eine katholische Besinnung (1957), München 1986.

性があります。果たしてこの問題に対して、前世紀のバルトから何を学びうるのでしょうか？　あるいはバルトならばどのように答えるでしょうか？

二十世紀のバルトから、二十一世紀のあらゆる問題を解決する処方箋を引き出せるわけでは勿論ありません。バルトは西欧キリスト教を土台として生涯をまっとうしたキリスト者であり、仏教やイスラム教やヒンズー教といった他の世界的諸宗教と接する機会は多くありませんでした。

バルトの一貫した姿勢は、キリスト教信仰をその内側から内在的に解明していく「知解を求める信仰」です。これは一見、偏狭な印象を与えます。バルトのキリスト中心的・神中心的な思考は、それ以外の視点とは相容れない、あまりにも崇高な孤高の神学ではないかという印象も与えます。

しかしその一方で、すでに第一章で見たように、伝統的な西欧キリスト教の一種の崩壊から出発したバルトの中には、キリスト教会の土台を問い直すと同時に、教会の既存の「壁」を越えてゆく志向が見られることも確かです。またバルト自身が晩年、自分が長生きしたら神学者として「諸宗教」を論じたいという願いも吐露しています。バルトが持っているキリスト教の原点への徹底的な追求、源泉へと深く掘り下げていく姿勢こそが――逆説的なことに――あたかも土台の底を突きぬけて外界に開けてゆく萌芽を秘めているのです。

以下においては、バルトの宗教理解を三点にわたって見てゆきます。一つは、バルトがキリスト教とユダヤ教との関係を重視したことです。次に、バルトがキリスト教という「宗教」に対する自己批判（KD I/2）を通して、最終的にキリスト教会の外側においても「神の言葉」が聴かれうるという考えに到達したことです（KD IV/3）。

ユダヤ教という隣人

キリスト教の起源であると同時に最も近くに存在するユダヤ教に対して、西欧キリスト教は様々な偏見を持ってきました。例えば、キリストは新しい宗教の創設者であるから、キリスト教をユダヤ教から分離すべきだという偏見。或いは、ユダヤ教はイエスが救い主（メシア）であることを否認するから、呪われるべき邪教だという偏見。これらの偏見は西欧史において繰り返し現れ、二十世紀にはナチス・ドイツのユダヤ人迫害となって現れました。

バルトはこれらの偏見に与しません。そもそも古代イスラエル民族こそキリスト教会が生まれてきた根であり、両者は分かちがたく結びついています。イスラエルの歴史を描く旧約聖書なしに、それをふまえて書かれている新約聖書を理解しようがありません。「信仰においてイエスを持つ者は、イエスの先祖および親戚としてユダヤ人を共に持たねばならない。さもなければユダヤ人であるイエスを持つこともできない。さもなければユダヤ人と共にイエス自身をも棄却してしまう」とバルトは言います（KD II/2, 318）。

そもそも旧新約聖書が描く「神の民」はユダヤ人と非ユダヤ人を両方とも含んでおり、両者は「唯、一つの契約の虹（Bogen des *einen* Bundes）」の下で存在しているとバルトは言います（KD IV/1, 749）。契約の虹とは、ノアの洪水が去った後、神ヤハウェが全被造物とのあいだに立てた契約のしるしです（創世記九12―17）。ユダヤ人もキリスト教徒も同じ「契約の虹」の下にいるのです。「旧約」という先立つ契約と、「新約」という新しい契約は、聖書の神が人間と結ぶ契約の二つの側面に他なりません。

もっともイスラエルとキリスト教のあいだには違いも当然あります。イスラエルは民族であり、ひとは誕生によってその一員となります。これに対してキリスト教会では、ひとは洗礼を受けてその一員となります。またキリスト教会は聖霊降臨（ペンテコステ）の出来事（使徒二章）において初めて現れますが、それに先立って、すでに旧約のイスラエルにおいて隠れた仕方で存在するとバルトは考えます。教会より以前にも、その隣りにも、その中にも、ユダヤ人はいます。例えばユダヤ人でありキリスト者となった使徒パウロにおいて、このことは明らかです（KD II/2, 341-343）。

バルトは、イエス・キリストに対するユダヤ人の拒否の「否」だけではなく、キリストがユダヤ人に向かって語る「然り」、つまり「否」を包摂する肯定の「然り」をも重視します（KD II/2, 341-343）。バルトは両宗教の固有性を否定しない和解への扉を模索していたと言えるでしょう。

宗教批判

本書の第一章1節で見たように、青年時代のバルトにとって、「宗教（Religion）」や神「経験

(Erlebnis)」は重要な概念でした。しかし、第一次世界大戦においてキリスト教が戦争イデオロギーに妥協して飲み込まれた時、「宗教」的「経験」はバルトにとって明確な批判の対象となっていきました。宗教は死すべき人間がわずかに暖をとるための心理的な慰め、あるいは内面的な感情経験ではあっても、聖書が証言する主要な事柄とは何ら関わりがないとバルトは考えるようになったのです。このような宗教批判は最初の著作『ローマ書』等において顕著に見られます。

バルトはさらに『教会教義学』第一巻において、神の言葉の「啓示」と人間の産物である「宗教」を厳密に区別します(KD I/2, §17)。バルトの言う「宗教」とは、人間が自力で神像をつくりその前に自ら跪くことです。「宗教」は、教会や文化が提供する、救われたい人間の自己正当化や願望投影にすぎません。キリスト教もまたそのような「宗教」であることを免れません。この宗教は、自らが拠って立っているはずの聖書の神によって生かされることを拒み、またその神の慈しみに身をゆだねることを拒み、自力で様々な問題を解決しようとするのです。バルトによれば、このような宗教の問題がナチス・ドイツに追従したキリスト教において顕著に現れたのです。

ただし、こうしたバルトの宗教批判は、キリスト教以外の諸宗教――複数形の宗教(Religionen)――に対する批判を主旨とするものではないことに注意しなければなりません。バルトの宗教――単数形の宗教(Religion)――批判は、キリスト教そのものに対する神学的な自己批判、自己検証であって、宗教学的あるいは宗教哲学的な批判ではないのです。キリスト教という一宗教に対する真の批判は、無神論によってではなく、聖書そのものを通して、「神の言葉」から、キリストそのものからこそもたらされるとバルトは考えたのです（I/2, 355f）。

「いのちの光」論

バルトが『教会教義学』第一巻で展開した宗教批判（一九三八年）は、それから約二〇年後に書かれる同書の第四巻「和解論」において、新しい展開を見せます。それは「いのちの光」（KD IV/3 §69-2, 1959）と題された一節です。

「神の言葉」は神人の乖離を乗り越えて神の側から和解をもたらすコミュニケーションです。聖書はこの言葉を「闇の中の光」（ヨハネ一5）、「いのちの光」（ヨハネ八12）とも呼びます。この言葉は自らのために語り、自らを証する光、「己自身の確かな証者」です（IV/3, 49）。それは「自己開示」と「自己伝達」（IV/3, 90）、そして「自己超越」（IV/3, 114）を特徴とします。この「いのちの光」は、何かに照らし出されて初めて光るのではなく、闇の中で自らが光の源となる、第一次的な光源です。自己自身を起源とするいのちの光は「あらゆる人間的な照明や認識」に先立つものだとバルトは言います（IV/3, 10）。

「いのちの光」は万人を照らしています。光が闇の中で照り輝いているという大いなる明暗の対立の下に、万人が立っています。バルトによれば、この光と闇の対立こそが、キリスト教徒と非キリスト教徒のあいだの区別以上に、言い換えれば「教会の壁」の内と外という区別以上に、決定的な対立なのです。キリスト教徒であろうとなかろうと、万人が「現実的かつ潜在的に、神の言葉の聞き手」(IV/3, 176) なのです。

バルトがキリスト論的集中を打ち出したあのバルメン神学宣言（一九三四年）はしばしば、キリスト教の宗教的絶対性を宣言するかのごとく誤解されてきました。しかしこの宣言は、キリスト教の諸教派や諸形態についてではなく、専ら「神の言葉」たるイエス・キリストについて語ったものでした。バルメンから四半世紀後の和解論においても、バルトは改めて「キリスト教がイエス・キリストに取って代わることはあり得ない」と言います (IV/3, 404)。

キリスト教会の既存の、そして既視の境界は、キリストの働きの限界ではありません。それゆえに、キリストが働くのを教会の壁の外に、外部の諸領域に見出すことへと備えていなければならないとバルトは言います (IV/3, 139)。「より真摯に、より喜ばしく私たちが彼を信仰すればするほど、私たちはこの世の領域において（中略）より多く真の言葉たち (wahre Worte) を受け取るようになる」(IV/3, 136) とバルトは言います。[9]

9　このような「真の言葉たち」とは、どのようなものでしょうか。バルトは福音書におけるイエスの一連の喩え話に注目します。イエスが日々の出来事を語る時、出来事の素材は変換されます。すなわちそこで「素材は天の国と等

「いのちの光」は、様々な出来事の形態をとって光を放ちます。これらの諸々の光、「創造された諸々の光」はそれら自身の固有の表現や主張を持っています。カルヴァンはそれを「神の栄光の劇場（das *theatrum gloriae Dei*）」（IV/3, 155）と名づけました。

ただし、この被造世界そのものは、ある決定的な問いに対して答えることができないとバルトは言います。それは「至るところで投げかけられ、どこでも答えられていない問い、つまり個々のものと全体の『何ゆえに（Warum）』という問い」（IV/3, 169）です。この問いとは、「何ゆえに存在者が存在し、無ではないのか?」という存在論的な根本問題です。

バルトによれば「いのちの光」は、この「何ゆえに」という存在論的根本問題に対する、「『それゆえに』という光（das Licht eines Darum）」（IV/3, 169）なのです。「いのちの光」がもたらす和解は決定的に新しい出来事、「新たな創造」（二コリント五17）です。この大いなる光は、小さな様々な光をかき消したりはしません。唯一の「いのちの光」と諸々の光との間には、「批判的」かつ「積極的」な関係があるとバルトは言います。前者は後者を問題化し、相対化し、統合し、回復するのです（IV/3, 181-188）。

バルトがバルメン以来、キリストを「神の唯一の言葉」と見なしてきたことは、政治的ファシズムへの反動としてのキリスト・ファシズムではありません。それはむしろ非キリスト教世界における「真の言葉たち」と「光たち」を探究する姿勢へと結実していったのです。その意味でバルトの「いのちの光」論は、キリスト教の側から非キリスト教世界への傾聴と連帯をもたらすものです。バルト神学は「啓示神学」対「自然神学」という二項対立によっては捉えきれない局面に到達したのです。それは「キリスト論的な包括主義」と呼ぶべき姿勢であり、文化や自然への畏敬と共に「自然神学」を真剣に受け止めることでもあります。[10]

値され、天の国は素材と等値される」。また喩え話の登場人物たちは「神の現臨（Realpräsenz）の地上における現実の（real）証」となり、それゆえに彼ら自身がその「現臨の出来事」となります（IV/3, 126）。こうした新約聖書の喩え話は、「唯一の神の言葉と並んで、この言葉によって創造され規定され、この言葉に厳密に対応し、完全に奉仕し、それゆえに、その唯一の神の言葉の力と権威において、他の真の、神の言葉たちが存在し得るという秩序の原像」を成しています（IV/3, 126）。教会は「そのような諸々の言葉が存在し、そしてそれらをもまた聞くべきであるということを受け入れてよいし、また受け入れなくてはならない」（IV/3, 128）とバルトは語ります。キリストの力は「聖書的・教会的領域に対峙する世俗的世界」からも「彼の特殊な証人」を呼び起こすことができると言います（IV/3, 132）。

10 Paul S. Chung, *Karl Barth. God's Word in Action*, 318f.

3　時の〈壁〉を越えて――〈未来〉学としての〈神〉学

キリスト教内部の壁、そして外部との壁を越えようとするバルトについて見てきましたが、最後に、現在と未来の壁を越えていくバルトについて見てゆきましょう。目に見える「いわゆる歴史」の進行（過去・現在・未来）とは異なる、キリストにおいてこそ明らかになる「本来の歴史」（起源・道・目標）について神学者バルトは語ってきました。その隠された「本来の歴史」とは、世界が贈り与えられ、修復され、完成されるという歴史です。言い換えれば、世界は創造され、和解させられ、救い贖われるという三位一体的な歴史です。

バルトが生涯の最後を過ごした東西冷戦時代、目に見える世界情勢はそのような希望とは真逆に向かっていました。米ソ対立は激化し、キューバ危機（一九六二年）のような第三次世界大戦の危機、ソ連軍のチェコスロバキアへの侵攻（一九六八年）、あるいはキング牧師の暗殺（一九六八年）といった出来事が相次ぎ、暗雲が垂れ込めていました。

さらにバルトの死（一九六八年）から半世紀たった今、東西冷戦は終結したものの、世界状勢はよりいっそうの破局――貧富格差の拡大・生態系破壊・世界戦争――へと向かっています。この状勢に対して、バルトが生きていたら何と言うでしょうか？　救済どころか破滅を予感させる世界の危機は何を意味するのでしょうか？　被造世界の究極の未来について、バルトは本来『教会教義学』を締めくくる第五巻で論じるはずでした。同書の三位一体論――創造（起源）・和解（現在）・救贖（未来）――的な三部構成が完結するためには、第五巻が書かれねばなりませんでした。しかしバルトは第四巻『和解論』を完成させかけたところで亡くなったので、その先の最終巻を書くことはできませんでした[11]。

とはいえ、バルトが現在の世界を超えた新しい世界のヴィジョンを聖書から絶えず読み取っていたこと、未来への希望を論ずる終末論（eschatology）を不可欠のものと考えていたことに疑う余地はありません[12]。バルトはかつて『ローマ書』第二版で「徹底的に余すところなく終末論ではないキリ

11　ただし、バルトが一九二〇年代にゲッティンゲン大学とミュンスター大学で行った「キリスト教講義」は、終末論の講義によって締めくくられました。それを後年より大規模に展開していれば、『教会教義学』の幻の第五巻が書かれたことでしょう。

12　「終末（*eschaton*）」という言葉は、旧約聖書外典のシラ書七章36節「何ごとにおいても汝の終わり（*eschata*）を考えよ」という、死への備えを勧める一節に由来します。また「終末論（Eschatologie, *eschatologia*）」という名称それ自体は、十七世紀のルター派の神学に由来します。終末論とは人間の死について（*De morte*）、死者の復活について（*De resurrectione mortuorum*）、最後の審判について（*De extremo judicio*）、永遠の生命について（*De vita aeterna*）論じる教説です。従ってそれは前記のシラ書の一節のような個人の死生観にはとどまりません。二十世紀神学はバルト等

スト教は、徹底的に余すところなく、キリストと関わりがないのである」と述べています。[13] それは、キリストを通して、今とは異なる自由と愛に満ちた世界が、既存の世界に到来しつつある、未来から働きかけつつあるという洞察に他なりません。神を見出すこととは、この世界の秘義、世界にとっての隠された希望を見出すことに他なりません。

神について語る神学は、神の自由を反映するならば、自らもたえず既成概念から自由になる、繰り返し軌道修正する、未来に開かれた自己変革的な思考となるでしょう。神は「神を超える神（Gott über Gott）」（KD IV/4, 161）とも言われます。あらゆる既存の「神」観念から神自身が自由であり続けます。

このバルトの考えを敷衍するならば「キリストを超えるキリスト」、つまりキリストがキリストとはもはや見えず呼ばれないような予期せぬ形態で、キリスト教会の「壁の外」で働くこともあり得るでしょう。それは、これまで福音を語り伝えてきた伝統的なキリスト教会の存在価値を否定するということではありません。それはキリスト教をむしろより豊かにすることでしょう。キリスト教が「神」と呼んできた究極の「未来」は、自由と愛を妨げるあらゆる障壁の彼方にある地平として、歴史を導き続けるでしょう。

先ほども述べた通り、現代の時代状況はバルトが生きた両世界大戦の時代と同様に、否それ以上に危機的であり破滅的です。冷戦時代を生きたバルトの没後、ロシア革命によって誕生したソ連が崩壊し、二十世紀最大の国際的政治運動だった共産主義が挫折しました。「今とは異なる世界」へのヴィジョンが衰退してゆきました。あたかもこの世界に代わる新しい世界はないかのごとく、資本と国家という双頭の権力が世界をすみずみまで支配し、それによってこの世界は貧富格差の極大化、生態系の破壊、そして戦争という奈落の底に落ちていくかに見えます。

しかし危機的であればあるほど、今ある世界と「今とは異なる世界」との対立は鮮明になります。闇が深まれば深まるほど、その闇の中で光は鮮明になります。闇によってもかき消されぬ「いのちの光」がいっそう輝きます。いつの日か、あの未知の言葉が何一つ遮られることなく響き渡り、すべてを満たす時、それまで遠い地平であった未来が、真に今ここにある現在となるでしょう。これまで古代の鏡に映し出されるようにおぼろげにしか見えなかった未来が、今ここに訪れる現実となるでしょう（一コリント一三12）。その時、自由と愛をはばむ一切の壁が崩れ去るでしょう。人間と人間を隔てるあらゆる壁が崩れ去るでしょう。支配者と被支配者を隔てる壁がなくなるでしょう。それは聖書が「神がすべてにおいてすべてとなる」（一コリント一五28）と呼ぶ時でしょう。そこでは自由と愛以外

の影響によって終末論が活性化させられた面があります。

13　カール・バルト『ローマ書』吉村善夫訳、著作集第一四巻、377頁＝Karl Barth, Der Römerbrief (Zweite Fassung) 1922, hg. von Cornelius van der Kooi und Katja Tolstaja, Zürich 2010, 430 [298].

の何ものも支配しない、新しい人間と新しい世界が現れるでしょう。

新しい人間？　新しい世界？　そんなものは所詮夢物語ではないか？　そう嘲笑する人に対して、バルトが生きていれば——今も何一つ変わらず——こう言うに違いありません。「イエスをごらんなさい。ゴルゴタの丘の十字架をごらんなさい。そこであらゆる旧いものが死に絶えて、あらゆるものが新しく始まって甦る、自由な愛が尽きせぬほど湧き出てくる、イエス・キリストというあの決定的な一点をごらんなさい」と。

終わりに

この小著は、バルトの巨大な思想内容を事典のように網羅し概説するのではなく、そのいくつかの主要な特徴と現代的意義を照射することに重きを置きました。

序章においては、「あなたは生きていてよい」という言葉が現代社会にとって不可欠なメッセージであるのと同時に、神学の中心課題としての福音に他ならないということを論じました。第一章においては、若き牧師バルトが「人間に神を語ることはできない」という神学の一種の死を経て、逆に「神が人間に語りかける」言葉を発見したことを論じました。第二章においては、バルトが神学者としてこの「未知の言葉」をどのように聴きとっていくかを明らかにしました。第三章においては、この「未知の言葉」が語り伝える自由と愛を、バルトが政治社会の現実の中でどのように生かそうとしたかを論じました。そして第四章においては、この「未知の言葉」がキリスト教の内や外に立ちはだかる様々な壁、ひいては今ここにある現在とまだ見ぬ未来とのあいだの壁をどのように乗り越えていくかを論じました。より深く詳しくバルトの生涯や思想について学びたい方は、巻末の年表や文献案内を手がかりとして、さらに学びを深めて頂ければ幸いです。

バルト神学の重要な読解者の一人であるドイツの神学者エーバーハルト・ユンゲルは、『教会教義学』の核心を鋭く捉えて、次のように述べています。「神の存在について語りうる最高にして最後の文」とは、「神は自らにふさわしくある〔対応する〕(Gott entspricht sich)」という命題である。バルトの『教会教義学』はこの命題の詳細な釈義に他ならない。それは「神を客体化する試み」ではなくて、「神の秘義をそれが秘義として啓示されるところで把握する試み」である。『教会教義学』は「この『神は自らにふさわしくある』という命題の運動を思考しつつたどる、天才的で勤勉な試み」であると。

本書はこのような先達の解釈をふまえつつ、さらにバルト神学を国家と資本の独裁から人間を解放する運動と捉えようと試みています。「運動(Bewegung)」という言葉は、実際バルト自身がよく用いる言葉であり、バルト神学のダイナミックな性質を現しています。このダイナミックさは、単に「社会運動」という意味にとどまりません。またバルト自身の思想的活動というだけでもありません。むしろバルト自身が見出した聖書のダイナミックさ、聖書が証する「神の力(デュナミス)」、イエス・キリストの力の運動なのです。国家の力とも資本の力とも異なる力、すなわち自由に愛する神の力＝福音の力こそ、バルトが生涯をかけて証し続けたものだったということが本書の主張です。

そのような力こそ、二十一世紀に人類が滅亡せず存続するために必要不可欠となるはずです。そしてその力は、伝統的なキリスト教によってだけでは勿論なく、それ以外の人々によっても発見され共有されていくはずです。バルトの「いのちの光」論を突きつめれば、そうなります。

二〇一一年に起きた東日本大震災と福島第一原発事故以来、私は哲学者の柄谷行人氏の次の言葉を導きの糸としてきました。「しかし、資本主義が終わるのを、単に見ているだけではだめです。それに対する理念と運動がなければ、資本主義の終焉はひどい混乱にしかなりません。それは資本主義以前の国家をもたらす可能性がある。また、資本と国家は延命しようとして、死にものぐるいであがくにきまっています。十九世紀末には帝国主義戦争があった。今後においても、類似したことが起こるだろうと思います」（柄谷行人「資本主義は死にかけているからこそ厄介なのだ」、『at プラス』十号、二〇一一年十一月、太田出版、38―48頁、40頁）。ここで柄谷氏が言う「理念と運動」の一つとして、本書はバルトの生涯と思想を捉えようと試みてきました。

本書を企画してくださった日本キリスト教団出版局の土肥研一氏に心より感謝します。

バルト没後五十年目に

福嶋　揚

コラム1――二十世紀最大の神学者の足跡

バルトの生涯の重要な出来事と世界史の出来事を併記します。それはバルト神学が、一見「あたかも何ごとも起きなかったかのように」展開された、神の栄光を褒めたたえる神学であるように見えつつ、じつは現実の政治社会の出来事と密接に結びついた「日付をもった神学」でもあったからです。出来事や著作に関しては、エーバーハルト・ブッシュのバルト伝のほか、ドイツ語の『バルト・ハンドブック』(Barth Handbuch, herausgegeben von Michael Beintker, Tübingen 2016)などを参照しつつ選びました。

バルトの生涯(一八八六―一九六八)

一八八六・五・一〇　父ヨハン・フリードリッヒ(フリッツ)・バルトと母アンナ・カタリーナ・バルトの長男として、バーゼルで誕生。後に二人の弟と二人の妹が誕生。

一八八九・四　父フリッツがベルン大学で教会史と新約聖書を教え

世界状勢

一八八九　第二インターナショナ

るため、バルト一家はベルンに引っ越す。

一九〇四―〇八　ベルン大学、ベルリン大学、テュービンゲン大学、マールブルク大学の各神学部で福音主義神学を専攻。

一九〇七・一二・二七　バート・ボルの牧師ブルームハルトを初訪問。

一九〇七―〇八　牧師補を務める。

一九〇八・一一　神学部の卒業試験後、『キリスト教世界』誌の編集助手を務める。

一九〇九―一一　ジュネーヴのドイツ語改革派教会にて副牧師を務める。

一九一一―二一　農民と労働者の村ザーフェンヴィルに正牧師として赴任。労働組合運動に積極的に参加。牧師エドゥアルト・トゥルナイゼン（近隣の村ロイトヴィル在住）との生涯にわたる親交が始まる。

一九一二・二・二五　父フリッツ死去。

ル結成（―一九一四）

一八八九・二　大日本帝国憲法発布

一八九四―九五　日清戦争

一九〇四―〇五　日露戦争

一九一三・三・二七　ネリー・ホフマンと結婚。彼女はジュネーヴ時代、バルトの堅信礼教育の生徒であった。

一九一四・四　娘フランツィスカ・ネリー誕生。この後に四人の息子カール・マルクース（一九一五）、クリストフ・フリードリッヒ（一九一七）、ロベルト・マティアス（一九二一）、ハンス・ヤーコプ（一九二五）が誕生。

一九一四　戦争政策への支持表明をした「九三人のドイツ知識人」に、自らの最も重要であった神学的恩師たちが含まれていたことに衝撃を受ける。

一九一五・一　スイス社会民主党に入党。

一九一五・二　入党後最初の講演「戦争、社会主義、キリスト教」。

一九一五・四　バート・ボルの牧師ブルームハルトを訪問し、希望を新たにする。

一九一六・六　ローマ書の解釈に没頭しはじめる。

一九一四・六　オーストリアの帝位継承者フランツ＝フェルディナント夫妻がサライェヴォで暗殺される。

一九一四・七　第一次世界大戦（一一九一八・一一）。オーストリアがセルビアに宣戦布告。ドイツがロシアに宣戦布告。ロシアがオーストリアとドイツに宣戦布告。ドイツがフランスに宣戦布告。イギリスがドイツに宣戦布告。

一九一七・二　講演「聖書における新しき世界」。

一九一九・九　講演「社会におけるキリスト者」。

一九一九『ローマ書』第一版。

一九二〇・四　講演「聖書的な問いと明察と展望」。

一九一七・三　ロシア二月革命（ロマノフ王朝滅亡）
一九一七・一一　ロシア十月革命。レーニン、ソヴィエト政権樹立
一九一八・三　独露間でブレスト・リトフスク条約
一九一八・一一　ドイツ皇帝退位。ドイツ共和国成立（—一九三三）
一九一八・一一　第一次大戦休戦協定
一九一八　ソ連の戦時共産主義
一九一九　パリ講和会議、ヴェルサイユ条約
一九一九・三　ソ連にてコミンテルン結成
一九一九・八　ドイツ、ヴァイマール憲法制定
一九二〇・一　国際連盟成立（—一九四六）

一九二一―二五　ゲッティンゲン大学の改革派神学の教授に就任。新約聖書についての講義、「カルヴァンの神学」「ツヴィングリの神学」「改革派信仰告白の神学」「シュライエルマッハーの神学」等の講義を担当。

一九二二　『ローマ書』第二版。

一九二二　ミュンスター大学より名誉神学博士号を受ける。この後の生涯において、さらにグラスゴー大学、ユトレヒト大学、オックスフォード大学、パリ大学などから合計十の名誉博士号を受けることになった。

一九二二・一〇　講演「神学の課題としての神の言葉」。

一九二三・一　ゴーガルテン、トゥルナイゼン等と共に隔月刊誌『時の間』を創刊。

一九二三　『キリスト教世界』誌上でアドルフ・フォン・ハルナックと神学の学問性をめぐる論争。

一九二四　夏学期から初めて独自の教義学講義「キリスト教綱要」を開始。

一九二五・八　生涯の助手シャルロッテ・フォン・キルシュバウムと

一九二二　ソヴィエト社会主義共和国連邦樹立

一九二四・一　レーニン死去

一九二五　スターリン権力掌握

出会う。
一九二五・一〇　バルト宅に初めて日本人来訪。
一九二五―三〇　ミュンスター大学にて教義学と新約聖書学の教授。
一九二七　『キリスト教教義学の構想』刊行。
一九二八／二九　「倫理学」講義を開始。
一九二九　キルシュバウムが助手としてバルト家に引っ越す。
一九三〇―三五　ボン大学にて組織神学の教授。
一九三〇　ハインリッヒ・ショルツと神学の学問性をめぐる論争。
一九三一　『知解を求める信仰――アンセルムスによる、彼の神学的綱領と関連する、神の存在証明』刊行。
一九三一・一　ベルリン等で講演「福音主義教会の危急」。
一九三一・五　ドイツ社会民主党へ入党。
一九三一／三二　ナチ政権成立後に解任された神学教授ギュンター・デーンとの連帯を表明。

一九二八　パリ不戦条約（ケロッグ・ブリアン条約）
一九二九・一〇　ニューヨーク市場の株価暴落により世界恐慌
一九三一・九　満州事変

一九三二　『教会教義学』第一巻第一分冊（Ⅰ／１）「神の言葉についての教説」刊行。この後一九六七年のⅣ／４、没後の一九七六年のⅣ／４補遺に至るまで『教会教義学』の刊行は続く。

一九三三・三　講演「神学的公理としての第一戒」。

一九三三・六　冊子「今日の神学的実存」刊行。翌一九三四年七月に発禁処分になるまで、三万七千部発行。バルトは同冊子をアドルフ・ヒトラーにも直接送付した。

一九三三末　ゴーガルテンとの対立によって『時の間』を廃刊し、『今日の神学的実存』叢書を刊行。

一九三四・四―　滝沢克己がバルトの講義やゼミ等に参加。

一九三四・四・三〇　バルトに旅行禁止命令が下されたが、これは緩やかな禁令であった。

一九三四・五・二九―三一　「バルメン神学宣言」。

一九三四・一〇　エミール・ブルンナーと自然神学論争。ブルンナーの「自然と恩恵」に対して論文「否！　エミール・ブルンナーへの応答」をもって応答。

一九三二　ドイツ総選挙でナチ党第一党となる。

一九三三・一　ヒトラー内閣成立

一九三三・三　ドイツで全権委任法成立（日本が同月、国際連盟脱退）

一九三三・四　全ドイツでユダヤ人迫害

一九三三・五　ドイツで社会民主党禁止

一九三三・一〇　ドイツ国際連盟脱退

一九三四・八　ヒトラー総統就任（―四五）

一九三四・一一・二六　ヒトラーへの宣誓を拒否したため、職務停止。
一九三四・一二　バルトに対する裁判。解雇。
一九三五・二―三　ユトレヒト大学で「使徒信条」についての講義を担当。
一九三五年三月よりドイツで講演を禁止。
一九三五・七　ドイツ出国。バーゼル大学の組織神学教授に就任。
一九三五・一〇・七　第三帝国下での最後の講演「福音と律法」。講演原稿はカール・イマー牧師によって代読された。その後バルトはゲシュタポに帯同されてドイツ国境を越えて、スイスに入り、それから十年間ドイツに戻らなかった。
一九三六・九―一〇　ハンガリーにて予定論について、教会と国家の関係について講演。
一九三七／三八　アバディーン大学の「ギフォード講演」にて「神認識と神礼拝」について講義。

一九三七・七―　日中戦争

一九三八　『教会教義学』Ⅰ／2「神の言葉についての教説」の第二分冊刊行。
一九三八―四五　故郷スイスでも検閲や監視を受け、時に講演や出版の禁止を受ける。
一九三八・七　講演「義認と法」。この講演の活字化とともに叢書『神学研究』が創刊される。
一九三八・九・一九　プラハのフロマトカ教授宛ての書簡で、軍事的抵抗を呼びかける。
一九三八・一〇　ドイツでのあらゆる出版を禁止される。
一九四〇　『教会教義学』Ⅱ／1「神論」刊行。
一九四〇・四　兵役を志願。
一九四〇／四一　バーゼルにて「ローマ書についての小さな講解」の講義。一九五六年に出版。

一九三八・三　ドイツ、オーストリア併合
一九三八・九　ドイツ、ズデーテン地方併合。ミュンヒェン会議（英仏独伊）
一九三九・八　独ソ不可侵条約
一九三九・九　ドイツ軍ポーランド進撃（第二次世界大戦―四五）
一九四〇　ドイツ軍北欧占領、フランス降伏一九四一・六・二二　息子ロベルト・マティアスがスイスの山で死亡。

一九四二　選びの教説を含む『教会教義学』Ⅱ／2「神論」刊行。

一九四五　『教会教義学』Ⅲ／1「創造論」刊行。

一九四五・八　十年の空白の後に最初のドイツ旅行。

一九四六　講演「キリスト者共同体と市民共同体」。

一九四六　夏学期ボン大学にて「教義学要綱」「キリスト教的な

一九四一・六　ドイツ、ソ連に侵攻

一九四一・八　米英首脳の大西洋憲章発表

一九四一・一二　真珠湾攻撃、太平洋戦争開戦

一九四二　スターリングラードの戦闘

一九四五・二　ヤルタ会談

一九四五・四　ソ連軍ベルリンを包囲。ヒトラー自殺、ベルリン陥落

一九四五・五　ドイツ無条件降伏

一九四五・七　ポツダム宣言

一九四五・八　広島長崎への原爆投下

一九四五　国連憲章採択、国際連合成立

啓示概念」「ハイデルベルク信仰問答によるキリスト教の教説」の講義。

一九四七『十九世紀のプロテスタント神学』刊行。

一九四八『教会教義学』Ⅲ／2（「創造論」の中の人間学）刊行。

一九四八・八　アムステルダムの世界教会協議会で主題講演「世界の無秩序と神の救済計画」。

一九四九　講演「東と西の間にある教会」。

一九五〇『教会教義学』Ⅲ／3（「創造論」の中の予定論）刊行。

一九五一『教会教義学』Ⅲ／4（「創造論」の中の倫理学）刊行。

一九五一―五三　エヴァンストンでの第二回世界教会協議会の準備に参加。

一九五三夏　ルドルフ・ブルトマン論を発表。

一九四六・一　第一回国連総会

一九四六・一一　日本国憲法公布

一九四八・四　ベルリン封鎖

一九四八・五　イスラエル共和国独立宣言

一九四九　東西ドイツ分裂（ドイツ連邦共和国とドイツ民主共和国に分裂）

一九五〇・六　朝鮮戦争（―五三）

一九五一・九　サンフランシスコ対日講和会議（対日平和条約と日米安保条約調印）

一九五三・三　スターリン死去

一九五三『教会教義学』Ⅳ／1「和解論」刊行。
一九五四―六四　バーゼルの刑務所で定期的に説教。
一九五四『教会教義学』フランス語訳の刊行開始。
一九五五『教会教義学』Ⅳ／2「和解論」刊行。
一九五六『教会教義学』英訳の刊行開始。
一九五六・九　講演「神の人間性」。
一九五八　東ドイツの牧師宛ての公開書簡で、同地のキリスト者を気遣う。
一九五九『教会教義学』Ⅳ／3「和解論」刊行。
一九五九『教会教義学』日本語訳の刊行開始。
一九六一　夏学期後に教授退官。
一九六二　最終講義「福音主義神学入門」。この後も死の年までコロキウムやゼミナールを担当。退官したバルトの後継をめぐって長い争いがあったが、最終的にハインリッヒ・オットが就任。
一九六二春　七週間のアメリカ旅行中、シカゴ大学やプリンストン神学校等で講演。ビリー・グラハムやキング牧

一九六二　キューバ危機

師とも面会。
一九六二―六五　長い病気と手術。
一九六三　第二バチカン公会議のオブザーバーに招待されるが、病気のため実現せず。
一九六三・四　コペンハーゲン大学から、ヨーロッパ文化への貢献を称えるソニング賞を受賞。
一九六六・一　キルシュバウムが病気のためバルト家から養護施設に移動。
一九六六・九　ローマにて教皇パウロⅥ世に面会。
一九六七　『教会教義学』Ⅳ／4（断片）「キリスト教的生の基礎づけとしての洗礼」刊行。
一九六七／八　夏学期、カルヴァン『キリスト教綱要』を扱った最後のゼミナール。
一九六八　夏学期のシュライエルマッハーの宗教講話についてのコロキウムが、最後の授業となった。
一九六八・一二・一〇　バーゼルの自宅で九―一〇日の夜に死去。九日夜、バルトはトゥルナイゼンと電話し、暗い世界情勢について語

一九六三・八　米英ソ、部分的核実験停止条約に調印
一九六五・二　北ベトナム爆撃開始
一九六八・四　キング牧師暗殺
一九六八・八　チェコ自由化にソ連軍介入

り合った時「しかし、意気消沈しちゃだめだ！　絶対に！《主が支配しておられる》のだからね」と語った。
一九六八・一二・一三　バーゼルのヘルンリ墓地に埋葬。
一九六八・一二・一四　バーゼルのミュンスターにて葬送礼拝が行われ、ラジオ中継された。

コラム2——文献案内

バルトの邦訳と参考文献の中から、入門者のための文献を以下に紹介します。

バルト神学の全体像を摑むには『教義学要綱』や『福音主義神学入門』等がよい手がかりとなります。また参考文献の中では、バルトの最晩年の助手でありバルト研究の第一人者であるエーバーハルト・ブッシュの著作が重要です。

一　バルトの邦訳より

『カール・バルト著作集』新教出版社、一九六七―二〇〇七年。
1「キリスト教信仰と歴史」（登家勝也訳）、「聖書における問いと明察と展望」（山本和訳）、「神学の課題としての神の言葉」（大宮溥訳）
5「福音と律法」（井上良雄訳）
6「イエス・キリストと社会運動」（村上伸訳）、「今日の神学的実存」（雨宮栄一訳）

7「キリスト者共同体と市民共同体」（蓮見和男訳）
8「知解を求める信仰──アンセルムスの神の存在証明」（吉永正義訳）
9「神認識と神奉仕──スコットランド信条講解」（宍戸達訳）
10「教義学要綱」（井上良雄訳）、「福音主義神学入門」（加藤常昭訳）
14「ローマ書」（吉村善夫訳）〔下記の訳書もある。『ローマ書講解』上下、小川圭治・岩波哲男訳、平凡社ライブラリー、二〇〇一年〕

『教会教義学』Ⅰ／1─Ⅳ、吉永正義他共訳、新教出版社、一九五九─一九八八年。

『キリスト教倫理』Ⅰ─Ⅳ、鈴木正久・村上伸・佐々木悟史訳、新教出版社、一九六四─一九六九年
（『教会教義学』Ⅲ／4からの抄訳）。

『キリスト教的生』Ⅰ─Ⅱ、天野有訳、新教出版社、一九九八年。

『バルト自伝』佐藤敏夫訳、新教出版社、一九六一年。

『バルト・セレクション』天野有編訳、新教出版社、二〇一〇─二〇一八年（続刊）。

1「聖書と説教」

4「教会と国家Ⅰ」

5「教会と国家Ⅱ」

6「教会と国家Ⅲ」

「新教セミナーブック」（新教出版社）より
『教義学要綱』井上良雄訳、一九九三年。
『国家の暴力について――死刑と戦争をめぐる創造論の倫理』天野有訳、二〇〇三年。
『福音主義神学入門』加藤常昭訳、二〇〇三年。
『ローマ書新解』川名勇訳、二〇〇三年。

二　バルトに関する参考文献（著者名順）

井上良雄『キリスト者の標識――キリスト教講話集Ⅲ』新教出版社、二〇一七年。

同『待ちつ急ぎつつ――キリスト教講話集Ⅳ』新教出版社、二〇一七年。

大木英夫『バルト』人類の知的遺産72、講談社、一九八四年。

大崎節郎「カール・バルトの神学――総論」大崎節郎著作集第三巻、一麦出版社、二〇一六年、473―498頁。

同「カール・バルトの神学――予定論・和解論」前掲書、499―542頁。

大島末男『カール・バルト』清水書院、一九八六年。

小川圭治・寺園喜基編『カール・バルトとユダヤ人問題――再びE・ブッシュ教授を迎えて』新教出

版社、二〇〇四年。

ハンス・キュンク『キリスト教思想の形成者たち――パウロからカール・バルトまで』片山寛訳、新教出版社、二〇一四年。

カール・クーピッシュ『カール・バルト』宮田光雄・村松恵二訳、新教出版社、一九九四年。

滝沢克己『カール・バルト研究』滝沢克己著作集第二巻、法藏館、一九七五年。

同『バルトとマルクス――新しき世界』三一書房、一九八一年。

同『佛教とキリスト教』法藏館、一九九九年。

寺園喜基『カール・バルトのキリスト論研究』創文社、一九七四年。

エーバーハルト・ブッシュ『カール・バルトと反ナチ闘争――ユダヤ人問題を中心に――一九三三―一九四五年』上・下巻、雨宮栄一他共訳、新教出版社、二〇〇二年。

同『カール・バルトの生涯　一八八六―一九六八』小川圭治訳、新教出版社、一九八九年。

同『バルト神学入門』佐藤司郎訳、新教出版社、二〇〇九年。

宮田光雄『カール・バルトとその時代』宮田光雄思想史論集第四巻、創文社、二〇一一年。

同『カール・バルト――神の愉快なパルチザン』岩波書店、二〇一五年。

エバハルト・ユンゲル『神の存在――バルト神学研究』大木英夫・佐藤司郎訳、ヨルダン社、一九八四年。

福嶋　揚（ふくしまよう）

1968年生。1992年東京大学文学部倫理学科卒業。1997年東京大学大学院博士課程修了（人文社会系研究科倫理学専攻）。テュービンゲン大学福音主義神学部を経て、2008年ハイデルベルク大学神学部にて神学博士号（Dr. Theol.）取得。

現在、青山学院大学、東京神学大学、日本聖書神学校にて兼任講師。


著書はAus dem Tode das Leben. Eine Untersuchung zu Karl Barths Todes- und Lebensverständnis（Theologischer Verlag Zürich, 2009）、『カール・バルト 破局のなかの希望』（ぷねうま舎、2015年）。共著は『滝沢克己を語る』（三島淑臣監修、春風社、2010年）。Gottes Geist und Menschlicher Geist, hg. von Gregor Etzelmüller und Heike Springhart, Evangelische Verlagsanstalt Leipzig, 2013他。

翻訳はユルゲン・モルトマン『希望の倫理』（新教出版社、2016年）。共訳は『アブラハムのイサク献供物語——アケダー・アンソロジー』（関根清三編著、日本キリスト教団出版局、2012年）、ヴォルフハルト・パネンベルク『学問論と神学』（教文館、2014年）他。

論文は「和辻哲郎とカール・レーヴィット——二つの人-間存在論」（『比較思想研究』、比較思想学会、1996年、比較思想学会研究奨励賞受賞）、「原発震災下における黄金律の意義」（『倫理学年報』、日本倫理学会、2013年3月）、「福音とは何か——ユンゲルの探求」（東京大学大学院倫理学紀要、2014年）他。

カール・バルト　未来学としての神学

2018年8月1日　初版発行

著　者　福　嶋　揚
発　行　日本キリスト教団出版局
169-0051　東京都新宿区西早稲田2丁目3の18
電話・営業03（3204）0422、編集03（3204）0424
http://bp-uccj.jp

印刷・製本　モリモト印刷

ISBN 978-4-8184-1009-1　C0016　日キ販
Printed in Japan